Martina Heise

ENGELWESEN & GEISTER

Wie erkenne ich ein geistiges Wesen,
wie einen Engel oder eine verstorbene Seele?
Wie kann ich mit ihnen Kontakt aufnehmen?
Wie erwecke ich meine eigenen medialen Begabungen
und wie kann ich mir selbst in geistig-energetischen Krisensituationen helfen?

amadeus-verlag.com

Amadeus Verlag GmbH & Co. KG
Birkenweg 4
74579 Fichtenau
Fax: 07962-710263
www.amadeus-verlag.com
Email: amadeus@amadeus-verlag.com

Druck:
CPI – Ebner & Spiegel, Ulm
Satz und Layout:
Jan Udo Holey
Umschlaggestaltung:
Amadeus Holey

ISBN 978-3-98562-022-7

Inhaltsverzeichnis

ENGEL, SCHUTZENGEL UND MEDIALITÄT

CHAKREN, ORGANE UND GEISTIG-ENERGETISCHE ANWENDUNGEN

HILFREICHE TIPPS, INFORMATIONEN & MEDITATIONEN

Ein letztes Mal

Liebe Leserinnen und Leser,

eigentlich hatte ich nicht vor, noch ein weiteres Buch zu schreiben...

...allerdings fiel mir bei meiner Arbeit – vor allem in den medialen Beratungsgesprächen – auf, dass Klienten immer wieder vor den gleichen Fragestellungen stehen und sich Tipps meinerseits einholen. Und meist gebe ich den Menschen in den Gesprächen Übungen an die Hand, mit welchen sie sich selbst immer wieder helfen können.

Dies sind Tipps und Übungen, die ich selbst anwende und die zum Teil als direkte Botschaft aus der geistigen Welt von meinen geistigen Helfern kommen, oder die ich selbst im Laufe der Zeit von Freunden oder Kollegen erhalten habe. So keimte die Idee auf, alle diese Hilfestellungen zu sammeln, um sie meinen Klienten oder anderen Interessierten zusammengefasst als Buch zur Verfügung zu stellen. Allerdings blieb es bei der Idee, die ich nicht weiter verfolgte, eben weil ich eigentlich nicht die Absicht hatte, noch ein weiteres Buch zu veröffentlichen. Dies – so dachte ich – stünde nicht in meinem Lebensplan.

Im Herbst 2021 zeigte sich mir jedoch eines Morgens mein Schutzengel und gab mir ganz klar den Auftrag, alle diese Tipps und Informationen mit Hilfe der geistigen Welt in einem Buch zu veröffentlichen, damit diese vielen Menschen zur Verfügung stehen. Die Menschen, so sagte er, sind gerade jetzt, in dieser Zeit des Wandels, mehr und mehr dazu aufgefordert, in ihre Eigenverantwortung zu gehen und die Antworten auf ihre Fragen in sich selbst zu finden, ihre Selbstheilung anzuregen und zu lernen, ihrer inneren Stimme wieder zu vertrauen.

Und so entstand im Laufe der letzten Monate dieses Anleitungsbuch zur Selbsthilfe. Alle Themen in diesem Buch wurden mir durch die geistige Welt vorgegeben und sollen dir zeigen, wie man sich gegenüber Fremdenergien oder Fremdeinflüssen schützt und abgrenzt, wie man aus sich selbst heraus die eigenen Stärken und medialen Kräfte entwickelt und fördert, wie man selbst mit der geistigen Welt in Kontakt kommt und wie man sich dadurch letztendlich selbst weiterentwickelt und in der Folge seinen Lebensplan gut verstehen und erfüllen kann.

Es gibt auch Themen, die ich ansprechen beziehungsweise richtigstellen werde, welche mir und meinen Klienten sehr am Herzen liegen. Denn vieles, was den Kontakt mit der geistigen Welt betrifft sowie andere spirituelle Themen, habe ich in direkten Schulungen durch die geistige Welt anders erfahren, als es oftmals erzählt oder geschrieben wird. Hier baten mich meine Klienten um noch mehr Aufklärungsarbeit. (Wie genau meine Ausbildung durch die geistige Welt vorgenommen wurde, habe ich in meinem Buch *„Schutzengel & Co.“* detaillierter beschrieben.)

Und in diesem Sinne soll das vorliegende Buch als eine Ergänzung zu meinen bisherigen Büchern *„Ich spreche mit Toten“*, *„Schutzengel & Co.“* sowie *„Unsichtbar“* gesehen werden. Ich werde zahlreiche Themen ansprechen, damit du besser verstehst, wie das Leben auf der Erde funktioniert und was wir an Themen in unserem Rucksack mitbringen können, ergänzt mit Beispielen, was meine Klienten oder ich erlebt haben, und natürlich mit Lösungsvorschlägen und dem entsprechenden (geistigen) Werkzeug für dich.

Nun, dies wird tatsächlich mein letztes Buch sein, was mir auch mein Schutzengel mitgeteilt hat. Deshalb möchte ich an dieser Stelle Jan van Helsing ganz besonders danken, dass er mir sein Vertrauen geschenkt und alle meine Bücher in seinem Verlag veröffentlicht hat.

An dieser Stelle möchte ich zahlreichen Klienten von mir direkt eine der meistgestellten Fragen beantworten: *„Du kennst doch Jan van Helsing … Wie ist er denn so? Was ist er für ein Mensch?“*

Ich antworte immer: „*Jan ist ein netter und ganz normaler Mensch, seine lustige und ehrliche Art sind sein Markenzeichen. Ich mag seine gerechte Haltung allen Menschen gegenüber und seine Bodenständigkeit.*“

Ein weiteres Dankeschön geht an meine Klienten, die mir seit Jahrzehnten die Treue halten und ebenso viele Anregungen für dieses Buch gaben.

Meine mediale Tätigkeit ist mein Auftrag aus der geistigen Welt und meine Berufung, die ich natürlich weiter fortsetzen werde – in Kombination mit den wichtigen und hilfreichen Energieumstellungen in Häusern und Wohnungen.

Zu meiner Arbeit und meiner Person habe ich in meinen letzten Büchern viel geschrieben, deshalb möchte ich mich im nächsten Kapitel nur denen kurz vorstellen, die mich noch nicht kennen.

Zu meiner Person

Im Sommer 1963 wurde ich in Düren geboren. Von Geburt an bin ich hellsichtig, hellhörig und hellfühlig. Diese Begabungen als ein Geschenk zu sehen, fiel mir in meiner Kindheit und Jugendzeit nicht gerade leicht, denn diese Zeit war kein Spaziergang. Es war schwer für mich, Dinge zu sehen, die kein anderer außer mir sah. Und vor Gefahren zu warnen, die ich in meinen zahlreichen Visionen sehen konnte, brachte mir auch oft Ärger ein. Vor allem meine Familie wollte nichts davon wissen. Im Gegenteil, mir wurde regelrecht verboten, von „diesen Dingen" zu reden.

Nachdem ich diese Gabe tatsächlich eine gewisse Zeit lang recht erfolgreich unterdrücken konnte, kam sie, als ich eine junge Frau war, mit voller Macht zurück. Ich sah nicht nur meinen Engel und konnte ihn später auch hören, sondern ebenso Verstorbene. Geister, die noch erdgebunden waren, aber auch Seelen, die schon im Licht verweilten und eine Botschaft für mich hatten, zeigten sich mir – ungefragt und plötzlich.

Es war anfangs nicht einfach für mich, damit umzugehen und die zahlreichen übersinnlichen Geschehnisse einzuordnen. Mehr als einmal dachte ich, dass ich verrückt werde und mir das alles vielleicht nur einbilde. Doch dann bekam ich Hilfe aus der geistigen Welt. Mein Schutzengel und andere geistige Helfer zeigten sich mir und bildeten mich Stück für Stück aus, mit meiner Gabe gut umzugehen. Dies geschah vor allem in den Bereichen des Erkennens und des Auflösens von Besetzungen, Fremdenergien, Verfluchungen und schwarzer Magie.

Gleichzeitig wurde ich geführt, auch irdische Ausbildungen zu machen, wie zum Beispiel Antlitzdiagnose, Energiearbeit, Autogenes Training und vieles mehr.

Während dieser Zeit forderte mich die geistige Welt auf, meine mediale Beratertätigkeit zu beginnen, und immer mehr Menschen suchten meine Hilfe. Ich sah während der Beratungen, beziehungsweise wurde mir gezeigt, welche Themen die Menschen zu lösen hatten und wie sie dies tun konnten, ob sie besetzt waren, ob in ihren Häusern oder Wohnungen etwas nicht stimmte, sich dort eventuell noch Geister aufhielten und vieles mehr. So habe ich bis heute vielen Menschen helfen können – vorausgesetzt, die Hilfesuchenden waren bereit, etwas in ihrem Leben zu ändern und an sich zu arbeiten – und dies gilt bis heute. Die Voraussetzung dafür, dass sich etwas zum Positiven wandelt, ist die Bereitschaft, auch selbst etwas zu ändern und umzudenken.

Das Wirken der geistigen Welt

Dauerhafte Frequenzveränderungen in Gebäuden

Mein Spezialgebiet ist nach wie vor die energetische Frequenzveränderung in Wohnungen und Häusern – ich nenne es der Einfachheit halber Energieumstellung, da tatsächlich mit Hilfe der geistigen Welt die Energien so umgestellt werden, dass negative Energien und Geistwesen dauerhaft gehen müssen und positive Energien frei fließen können.

Manchmal stecken in Häusern oder Wohnungen noch alte Energien fest, die zum Beispiel durch Krankheiten, Streitereien, Geldprobleme, Trennungen, Trauer usw. entstanden sind. Diese wirken sich immer auch auf die neuen Bewohner aus und können diese negativ beeinflussen oder gar krank werden lassen. Eine dauerhafte Energieumstellung wirkt sich deshalb enorm auf das Wohlbefinden der Bewohner aus, denn die Energie in den Gebäuden wird nicht nur intensiv gereinigt, sondern auch spürbar angehoben. Die gesamte Atmosphäre ändert sich zum Positiven – dauerhaft. Lediglich Lernprozesse bleiben bestehen, die kann auch ich niemandem ersparen. Dies sind Prozesse, die sich die Seele vorgenommen hat, zu durchleben und zu meistern.

Des Weiteren bekommt unser Zuhause durch diese Umstellung einen Schutz, der keine negativen Energien von außen mehr zu- oder durchlässt – es sei denn, es gehört zur Lebensaufgabe und zum eigenen Lernprozess, mit negativen Energien umzugehen, oder man lässt sie aufgrund des eigenen negativen Denkens zu. Alle anderen negativen Energien, die uns nicht dienlich sind, werden dauerhaft transformiert.

Bei den Energieumstellungen werden zusätzlich alte Muster sowie verbrauchte, festhängende Energien neutralisiert beziehungsweise ganz aufgehoben. Es werden dabei erdgebundene Seelen befreit und alte Energien, zum Beispiel aus Schicksalsschlägen, deren Energien, wie Trauer, Verlust oder Angst, noch in dem Gebäude haften, aufgelöst. Dies schafft ein völlig neues, harmonischeres Wohnklima.

Die Energieumstellungen sind mit Hilfe der geistigen Welt dauerhaft und beinhalten 17 aufeinander folgende Rituale, und dieser gesamte Prozess dauert insgesamt drei Tage und endet mit dem Aufbau eines

Schutzschildes durch sieben Erzengel. Dieser Schutzschild bleibt bestehen und wird durch Orbs bewacht und ständig gereinigt. *(Anmerkung: Orbs sind eine Gruppe von Engeln, deren Aufgabe darin besteht, das Umfeld frei von negativen Energien zu halten.)*

Doch wie bereits erwähnt, kann nur das ferngehalten werden, was nicht auf unserem Lebensplan steht. Alles, was zu unseren Lernaufgaben gehört, darf den Schutzschild durchdringen bzw. in den Schutzbereich eindringen.

Ich möchte hierzu gern erwähnen, dass eine Renovierung des Hauses oder der Wohnung zwar gut tut, aber nicht die alten Energien, die in dem Gebäude, ja sogar in allen Möbelstücken vorhanden sind, auflösen kann. Selbst in ganz neu gebauten Häusern können negative Energien stecken, denn auf dem Stück Erde, auf dem das Haus steht, können ebenso negative Energien verhaftet sein, die auf das Gebäude übergehen. Sogar ein schlechtgelaunter Handwerker oder einer, der viel Negatives ausstrahlt, hinterlässt bei den Arbeiten am Haus negative Energien.

Eine mir oft gestellte Frage in Bezug auf die Dauer der Energieumstellung ist, ob diese für die Nachfolger bestehen bleibt, wenn man auszieht. Dazu kann ich sagen, dass dies nur in den seltensten Fällen so ist, denn meist bricht die Umstellung und der Schutz zusammen, wenn man umzieht.

Hierüber entscheidet die geistige Welt immer ganz individuell. Es kann durchaus vorkommen, dass Nachmieter in den Genuss einer energetisch gereinigten Wohnung kommen und dies sogar bestehen bleibt.

Befreiung von Altlasten im direkten Umfeld

Um dauerhaft gute Energien um sich herum spüren und festigen zu können, sollten wir in unserem Haus oder unserer Wohnung ebenso beachten, was die Gegenstände darin mit uns machen. Vieles kann energetisch gereinigt werden, aber an manchen Dingen hängen dennoch weiterhin Energien, die negativ auf uns wirken. Das muss nicht heißen, dass diese Gegenstände grundsätzlich niedrig schwingen, jedoch kann deren Anblick bei uns negative Gefühle auslösen.

Meine Erfahrungen in dieser Hinsicht sind, dass oft schwere Energien an Bildern, Möbeln oder anderen (oft geschenkten) Gegenständen haften. Alles um uns herum ist Energie und hat eine bestimmte Schwingung, diese kann hoch und heilend, aber auch niedrig und schädlich sein. So kann es zum Beispiel vorkommen, dass man von einem guten Freund etwas geschenkt bekommen hat, als die Freundschaft noch intakt war. Wenn diese allerdings zerbricht und man im Streit auseinander geht, kann es sein, dass alles, was mit diesem Menschen zu tun hat, plötzlich ins Negative kippt. Einmal – das habe ich bei einem Klienten erlebt – war es nur die Telefonnummer eines ehemaligen Freundes, die noch gespeichert war und bei ihm negative Gefühle und auch körperliche Symptome auslöste. Nach dem Löschen der Nummer ging es meinem Klienten in ganz kurzer Zeit wesentlich besser.

Ich selbst gehe beim „energetischen Hausputz" bei mir zuhause rigoros vor und entsorge alles, was überholt, alt und negativ schwingt. Ich überprüfe hierbei Visitenkarten von Handwerkern genauso wie kleine Geschenke von Menschen, mit denen ich schon länger keinen Kontakt mehr hatte. Das soll jedoch nicht heißen, dass etwas negativ wird, weil man länger nichts voneinander gehört hat oder das Möbel- oder Schmuckstück auf einem Flohmarkt erstanden wurde. Solche Gegenstände können auch weiterhin eine hohe und angenehme Schwingung besitzen und positiv auf uns wirken. Aber man sollte von Zeit zu Zeit auch im energetischen Sinne gut ausmisten. Es wirkt auf jeden Fall befreiend.

Wenn man das Gefühl hat, etwas strahlt negativ aus, oder man ist sich noch unsicher, ob man einen Gegenstand tatsächlich entsorgen sollte, weil man eben doch daran hängt oder er teuer war, kann man diesen auch in einen blauen Stoff hüllen, oft reicht aber auch schon eine blaue Mülltüte. Die Farbe Blau ist Erzengel Michael zugeordnet, der Gut von Böse trennt und einen Schutz aufbaut. So kann man erstmal eine Weile hineinfühlen, ob es einem ohne das Objekt besser geht, und dann über den weiteren Verbleib entscheiden.

Ich persönlich mache das oft mit Akten, die negativ schwingen, aber aus rechtlichen Gründen noch nicht entsorgt werden dürfen.

Aber auch ein Aura-Soma®-Pomander kann helfen, sich von negativen Energien zu befreien. Ich nehme ihn unter anderem gern bei Energie-Behandlung zur Hilfe und gebe immer drei Tropfen zum Putzwasser als auch zur Wäsche hinzu. Bestellen kann man ihn entweder direkt bei Aura-Soma®-Beratern oder im Internet unter Eingabe von „Aura-Soma®-Pomander Weiß". Hier findet man auch Informationen zu den zahlreichen Produkten.

Was ebenfalls sehr gut hilft, um gute Energien in sein Umfeld zu ziehen, ist das Symbol für die Blume des Lebens:

Diese gibt es als Poster, als Leinwandbild oder als Aufkleber in allen Größen, zum Beispiel für Fenster oder für Wasserkaraffen, als Untersetzer für Getränke, als Aufhänger, und, und, und… Die Möglichkeiten sind hier unbegrenzt und immer sehr hilfreich, um mehr positive Energien in die Wohnräume zu bekommen. Wichtig zu beachten ist jedoch, dass die Blume des Lebens nur einen einzigen Ring aufweist, und nicht, wie so oft gesehen, zwei Ringe. Hierbei schließt der äußere Ring die positive Energie in der Blume des Lebens ein.

Meist wird allerdings die Blume des Lebens mit zwei Ringen angeboten. Mein Mann und ich schneiden dann kurzerhand den äußeren Ring ab, wodurch sofort die sehr positive Energie stark spürbar wird.

Der Lebensplan

Wie ich bereits im vorherigen Kapitel erwähnt habe, haben wir alle, die wir auf der Erde inkarnieren, einen Lebensplan. Zu diesem Thema sagen viele meiner Klienten, dass wir doch auf der Erde unsere eigenen freien Entscheidungen treffen und somit auch den Plan ändern können. Dies kann ich nur verneinen, denn bevor die Seele in ein Leben inkarniert, hat sie für sich mehrere Lebenspläne erstellt. An diesem Punkt vor der Geburt hat man tatsächlich die freie Wahl, was man in dem kommenden Leben erleben, auflösen und an Erfahrungen sammeln möchte. Hierfür schafft man sich die passenden Lebensumstände wie das Land, in dem man geboren wird, die Familie, das Umfeld usw.

Alles wird festgelegt, jedes Detail, jedes kommende Erlebnis, jeder Schicksalsschlag, jede Krankheit, und natürlich auch die positiven Ereignisse. Die Seele plant dies alles ganz ausführlich und im Detail mit ihrem Engel, dem Geistführer und natürlich mit Gottes Hilfe.

Doch es gibt tatsächlich mehrere Wege, die man gehen kann, mehrere Pläne wurden gestaltet, um uns etwas Entscheidungsfreiheit offen zu lassen. Trifft man nun eine Entscheidung, die dem aktuell gelebten Lebensplan nicht entspricht, rutscht man automatisch in einen anderen Plan mit weiteren Lebensaufgaben – welche jedoch auch bereits vor der Inkarnation geplant wurden.

Man hat also sehr wohl vor der Geburt eine freie Wahl, was man sich im nächsten Leben auf den Plan schreibt. Im Leben selbst kann man mit seinen Entscheidungen jedoch lediglich zwischen den Plänen wechseln.

Als ich damals von der geistigen Welt ausgebildet wurde, führte man mich einmal in einer Meditation in eine jenseitige Bibliothek. Dies ist ein riesengroßes Gebäude, in dem unvorstellbar viele Lebenspläne aufbewahrt werden. Dort sah ich unzählige Schriftrollen, Bücher und Hörkassetten. Ich kann schwer in Worte fassen, wie gigantisch groß diese Räume sind und wie viele Lebenspläne dort aufbewahrt werden.

In dieser Meditation durfte ich sogar meinen eigenen Lebensplan einsehen, und ein Engel sprach zu mir: „*Hier werden alle Lebenspläne der Menschen auf der Erde aufbewahrt.*“ Und auf meine Frage, ob man diese selbst durch seinen freien Willen ändern könne, sagte er: „ *Das ist nur mit Hilfe von einem bestimmten Engel möglich, dem Elohim. Dieser Engel ist die rechte Hand Gottes und darf über dich entscheiden, er darf deinen Lebensplan ändern, etwas streichen oder sogar hinzufügen.*“

Zusammengefasst kann man demzufolge sagen, dass man selbst nicht so einfach seinen Lebensplan verändern kann, sollte man jedoch eine Entscheidung treffen, die im aktuellen Plan nicht vorgesehen ist, rutscht man gewissermaßen in einen anderen Plan, und die verschiedenen Lebenspläne insgesamt können ausschließlich in Ausnahmefällen von einem Elohim-Engel geändert werden.

Karma und Karma-Rat

Karma bedeutet „Ausgleich“ und gehört tatsächlich zu unserem Lebensplan, da wir alle in gewisser Weise in unserem Leben einen Ausgleich von Taten aus der Vergangenheit oder auch aus früheren Leben erzielen möchten.

Früher war es hilfreich, wenn man sich in Rückführungen die Themen anschaute und mit Hilfe eines Therapeuten ablöste, oder man hat die Situationen, die zu der heutigen Blockade führten, einzeln angeschaut und abgelöst. Mittlerweile schwingen die Energien auf der Erde viel höher, und vieles lässt sich schneller und leichter bearbeiten.

Demzufolge muss man nicht mehr wissen, welche Ereignisse oder welche Taten zu dem Karma geführt haben. Sehr wichtig ist allerdings, dass man die Bereitschaft und den Willen zeigt, Altes abzulösen. Dies kann mit einem täglichen Ritual geschehen, wobei es immer und grundsätzlich um das Verzeihen geht, dabei kann man die folgenden Sätze für sich in Gedanken oder laut sprechen:

1. Ich verzeihe mir von ganzem Herzen, was ich mir selbst und anderen angetan habe.
2. Ich verzeihe allen anderen von ganzem Herzen, was sie mir jemals angetan haben.
3. Ich sende von ganzem Herzen Liebe in alle Situationen, die jetzt bereinigt und aufgelöst werden dürfen.
4. Ich bitte nun dich, Erzengel Michael, mit deinem Schwert alle negativen Bindungen, Verknüpfungen und Verflechtungen zu diesem Thema zu lösen. Danke.

Es gibt weiterhin ein sehr erfolgreiches traditionelles hawaiianisches Vergebungsritual, welches in den USA sogar als Therapie anerkannt wurde. Es nennt sich „Ho'oponopono" und bedeutet so viel wie *„etwas in Ordnung bringen"* oder *„Fehler wiedergutmachen"*. Hierzu sollte man allerdings wissen, wer an der Situation oder Blockade beteiligt ist, wie zum Beispiel Eltern, Geschwister, Freunde oder Vorgesetzte.

Da alle Menschen miteinander verbunden sind, kann man so die destruktiven Verknüpfungen untereinander sanft auflösen – dabei bedarf es auch nicht der anderen. Es genügt vollkommen, wenn man dies allein und nur für sich selbst macht. Es heißt auch nicht, dass man nun einem Menschen etwas Schlimmes verzeiht und mit ihm sofort wieder „gut Freund" ist. Die Vergebung findet auf einer höheren Ebene statt und kann sich zwar positiv auf die Verbindungen untereinander auswirken (zum Beispiel wird der Chef plötzlich freundlich zu einem oder übersieht einen nicht mehr), aber es heißt nicht, dass dadurch automatisch Kontakte entstehen müssen, es relativiert auch nicht die Schwere der vergangenen Taten. Ein Missbrauch zum Beispiel bleibt ein schlimmes Verbrechen, allerdings können wir durch Verzeihen die Schwere für uns selbst aus vergangenen schlimmen Ereignissen herausnehmen, indem wir allen daran Beteiligten auf einer höheren Ebene vergeben.

Wichtig ist wirklich allein die Tatsache, dass man hierdurch die Verantwortung für sich selbst und seine Taten übernimmt, meist entsteht dabei auch mehr Mitgefühl für andere.

Das Vergebungsritual „Ho'oponopono" läuft wie folgt ab:

1. Sieh dir das Thema und die damit verbundenen Personen an und sprich den Satz: *„Es tut mir leid“*.

   Wenn du dich entschuldigst, übernimmst du die Verantwortung für deinen Beitrag beziehungsweise deine Verantwortung, die zu der aktuellen Situation beigetragen hat. Es geht hierbei nicht um Schuld, sondern tatsächlich um die Verantwortung für die aktuellen Lebensumstände. Mit dem Entschuldigen beginnt der Prozess, Karma oder energetische Muster und Programmierungen sowie destruktive Bindungen aufzulösen.

2. Danach sagst du: *„Bitte verzeih(t) mir“*

   Es geht hierbei vor allem darum, sich selbst zu vergeben. Dies befreit alles, wofür man sich vorab entschuldigt hat.

3. Als nächstes sprichst du **„Danke“** als Ausdruck deiner bedingungslosen Liebe.

   Danke den anderen für die Vergebung und gehe in das Gefühl der Dankbarkeit für alles, was diese Person für dich getan hat, auch für die unangenehmen Dinge, die dir letztendlich einen Spiegel vorgehalten haben oder dich in Situationen geführt haben, die nun endlich bereinigt werden können, wie zum Beispiel Karma. Es geht um die innere Dankbarkeit, dass du das Problem erkennen und lösen konntest.

4. Als letztes sagst du: *„Ich liebe dich (euch)“*

   Sende dem oder den Menschen Wellen der Liebe, die deutlich machen, wie sehr du sie liebst. Es ist nicht immer leicht, den Menschen, die dir zum Beispiel weh getan oder dich enttäuscht haben, Liebe zu senden. Man muss sich hierbei auch nicht unter Druck setzen, aber aus einer höheren Sicht der Dinge kann man sehr gut Liebe in jede Situation und an die damit verbundenen Menschen senden.

Der Prozess des Verzeihens ist oft ein längerer, und man sollte für längere Zeit dieses Ritual täglich durchführen. Nach einer – manchmal sogar kurzen – Weile spürt man förmlich, dass sich nun etwas lösen kann und es leichter wird. Dieses Ritual ist für alle Arten von Konflikten sehr hilfreich, auch für Ablösungsprozesse untereinander, aber eben auch für die Auflösung von Karma.

Nun gibt es allerdings auch noch die Möglichkeit, sich direkt an den Karmarat zu wenden. Dies kann man sich ähnlich wie ein Gericht auf Erden vorstellen, bei welchem entschieden wird, ob Karma aufgelöst wird oder ob derjenige noch nicht alle Lernprozesse erfolgreich durchlaufen hat und dieses Karma zum Zweck des Lernens noch bestehen bleibt.

Mir wurde in einer Meditation gezeigt, wie man den Karmarat um Auflösung bittet, was ich anhand eines Beispiels gleich weitergebe. Genauso wie bei einer Änderung im Lebensplan der Elohim, die rechte Hand Gottes, letztendlich darüber entscheidet, so ist dies auch hierbei der Fall, da eine Veränderung ja auch immer den gesamten Lebensplan betrifft. Und dieser wird nicht immer geändert, damit wir uns bequem zurücklehnen können, sondern nur, wenn wir tatsächlich aus den Ereignissen gelernt, von ganzem Herzen und nicht nur oberflächlich verziehen haben und bereit sind, aus dem Gelernten ein positiveres Leben zu führen.

Vor vielen Jahren kam ein Klient zu mir, der von einem Geschäftspartner betrogen worden war. Leichtgläubig hatte er vieles unterschrieben, was ihm nun zum Verhängnis wurde. Er sollte sogar für mehrere Jahre ins Gefängnis für etwas, was er nicht einmal selbst getan hatte – so zumindest forderte es der Staatsanwalt. Dies allerdings würde seine ganze Existenz und seine kleine Familie zerstören, waren die Befürchtungen meines Klienten. Leider sah auch ich, dass er die Haftstrafe antreten müsste, wenn er nicht schnell etwas in sich selbst verändern würde. Ich empfahl ihm eine Meditation, um den karmischen Rat um eine positive Wende in diesem Fall zu bitten. Ich selbst durfte nichts für ihn tun, das musste er selbst erledigen.

Nur die Meditation hierfür gab ich ihm an die Hand:

Du gehst in eine entspannte Meditationshaltung, schließt deine Augen und lässt erst einmal alles Irdische los und befreist dich mit jedem Atemzug mehr und mehr von deinem Alltag. Dann sprich ein kurzes Gebet in deinen eigenen Worten, du kannst zum Beispiel um Hilfe bitten.
Nun kommt vor deinem inneren Auge ein Engel zu dir und begleitet dich weit hoch in den Himmel zu einem großen Gebäude, welches aus reinem Marmor besteht. Du siehst, wie sich die großen Flügeltüren öffnen und schreitest mit deinem Engel zusammen voller Demut und Liebe in die große Empfangshalle. Ringsherum siehst du viele Türen mit verschiedenen wunderschönen Malereien. Auf einer Tür befindet sich eine Malerei von einem Gerichtssaal. Bitte nun deinen Engel, dich in diesen Raum zu begleiten und öffne die Tür. In dem Raum angekommen, siehst du, dass er wie ein irdischer Gerichtssaal aussieht. In der Mitte steht ein Stuhl, auf welchem du Platz nimmst.
Nach einem Moment der Stille öffnet sich eine andere Tür, und viele Engel kommen in den Raum und verteilen sich dort. Voller Demut und Respekt stehst du auf und siehst, dass als letzter ein älter wirkender Mann mit grauen Haaren und weißem Gewand den Raum betritt. Er hat das dicke Buch des Lebens in der Hand und kommt auf dich zu. Es ist der Elohim, der über deinen weiteren Weg entscheiden darf.
Erzähle ihm kurz und in klaren Worten dein Anliegen und bitte ihn, dich von diesem Karma zu befreien. Warte einen Moment seine Antwort ab. Vielleicht sagt er etwas, nickt oder schüttelt den Kopf. Vertraue, dass du die Antwort hören, sehen oder fühlen kannst. Es könnte auch sein, dass er direkt deinen Plan in dem dicken Buch des Lebens ändert.

Nun verlassen alle wieder den Raum und die Tür schließt sich. Es ist jetzt Zeit, selbst auch wieder zu gehen. Verlasse mit deinem Engel den Raum und anschließend das Gebäude und komme zurück auf die Erde, in das Hier und Jetzt. Atme ein paar Mal ein und aus und bedanke dich bei deinem Engel für die Begleitung.

Diese Meditation kann jeder machen, um den karmischen Rat um eine positive Veränderung der Situation zu bitten.

Bei meinem Klienten geschah Folgendes: Drei Tage vor Weihnachten war sein Gerichtstermin, vor dem er große Angst hatte. Doch kaum hatte er das Gebäude betreten, kam sein Anwalt auf ihn zu und berichtete ihm, dass es eine Änderung geben würde. Der eigentlich vorgesehene Staatsanwalt wäre plötzlich ausgefallen, und seine Vertreterin müsse sich noch in den Fall einarbeiten. Mit einer Verspätung von zwei Stunden begann jedoch die Verhandlung, und die Staatsanwältin plädierte auf drei Jahre Strafe auf Bewährung, weil er nicht der Hauptschuldige gewesen sei – und lächelnd fügte sie hinzu *„und weil bald Weihnachten ist“*.

So hatte in diesem Fall der karmische Rat das Urteil derart abgemildert, dass es zwar eine Strafe war, aus der er lernen sollte, aber dennoch auf freiem Fuß bleiben konnte. Der junge Mann dankte dem Elohim von ganzem Herzen für das positive Eingreifen. Dies war jedoch nur deshalb möglich, weil er nicht vorsätzlich gehandelt und jemandem bewusst Schaden zugefügt hatte. Außerdem hatte er aus diesem Ereignis gelernt und würde niemandem mehr – und erst recht nicht aus Geldgier – trauen.

Abschließend möchte ich hier noch betonen, dass wir uns bewusst werden sollten, dass wir in vielen Leben schon Täter und Opfer waren. Wenn dies in Interaktion zwischen zwei Seelen durch viele Leben geschieht, kann es tatsächlich einer von beiden beenden, indem er seinem Peiniger vergibt. Nur so können toxische Verbindungen über viele Leben endlich ihren Frieden finden.(1)

Wer oder was ist eigentlich Gott – und wo ist er?

Dies sind die beiden häufigsten Fragen, die mir in den letzten dreißig Jahren meiner Tätigkeit als Medium gestellt wurden.

Von außen betrachtet lässt sich vieles erklären, egal ob Schicksalsschläge, Krankheiten oder der Tod eines geliebten Menschen, denn wie bereits beschrieben, stehen auch solche schlimmen Ereignisse in unserem Lebensplan. Es geht dabei um die Auflösung von Karma, von Familienthemen oder anderen Blockaden, und es dient letztendlich immer unserer Weiterentwicklung.

Doch wenn man in einer solchen schlimmen Situation steckt, wenn man voll Traurigkeit ist und nicht mehr weiß, wie es weitergehen soll, wie man überhaupt weiterleben soll, dann fragt man sich meist, wo denn der vielbesagte, gütige Gott ist. Vor allem jetzt, da man ihn am nötigsten bräuchte. Und warum hat er diesen Schicksalsschlag denn überhaupt zugelassen? Deshalb kommt noch eine unbändige Wut auf Gott hinzu und auf einen selbst, weil man ja gutgläubig dachte, dass er seine schützende Hand über uns hält und man nun vor den Trümmern seines Lebens steht und sich gottverlassen fühlt.

Auf diese Fragen antworte ich wie folgt:

Gott ist nicht im Außen, er ist in uns und um uns herum. Wir sind aus dieser einen göttlichen Quelle entstanden. Und mit Hilfe von Gott und unseren himmlischen Begleitern haben wir uns vor unserem Leben genau diese unabwendbaren Ereignisse in unseren Lebensplan geschrieben, um daraus zu lernen und zu wachsen. Dies sind keine Bestrafungen, auch wenn es sich oft so anfühlt, es sind Lernprozesse. Es fällt manchmal schwer, dies zu begreifen, denn als Mensch auf der Erde würden wir uns sicherlich einen anderen Plan schreiben…

Aber es ist tatsächlich Gott, der uns gerade in diesen schweren Phasen zur Seite steht und uns hilft, wieder herauszukommen.

Auch ich war schon in solchen Situationen, an denen ich den Glauben an Gott völlig verloren hatte, weil ich dachte, dass er allein es war, der mir innerhalb kürzester Zeit meine Großmutter und Mutter sowie meinen Vater und meinen Lieblingsonkel genommen hatte. Und das alles in einer Zeit, in der ich schwanger war und zusätzlich vor dem Scherbenhaufen meiner Ehe stand.

Es dauerte in dieser Lebensphase auch länger, bis ich diesen Glauben wiederfand. Dies geschah durch mein spirituelles Erwachen und die Arbeit mit den Engeln. In dieser Zeit, in der ich von der geistigen Welt ausgebildet wurde, begriff ich, dass es nicht Gott ist, der uns straft, sondern dass er sogar hilft, unseren Lebensplan mit all diesen Schicksalsschlägen zu erfüllen. Und er ist auch derjenige, der uns tatsächlich beisteht, wenn wir uns in einer schwierigen Phase befinden.

Als ich spirituell-geistig erwachte und immer mehr zu meinem Glauben an Gott zurückkam, durfte ich ihn einmal sogar sehen und hören. Es war eine so wunderbare Energie, die ich nicht in Worte fassen kann, und er sprach zu mir:

„Liebes Kind, ich bin zu dir gekommen, um dir zu sagen, dass ich immer für dich da bin und sein werde. Ich unterstütze und behüte dich, wann immer du mich brauchst. Glaube an dich, an deine Engel und an meine Göttlichkeit, dann wird dein Leben leichter.“

So, wie es mir damals ging, geht es sehr vielen Menschen, die durch einen schweren Schicksalsschlag ihren Glauben an Gott verlieren. Solltest auch du einmal in solch einer Lage sein, aber das Vertrauen in Gott wiederfinden wollen, dann ist allein dieser Wunsch schon der erste Schritt auf ihn zu. Wie mir gezeigt wurde, sollte man ihn als nächsten Schritt um Vergebung bitten, dass man an ihm gezweifelt hat, um wieder in den Fluss der göttlichen Energie zu kommen. So kannst du gewiss sein, dass dir seine Hilfe sicher ist.

Meist ist es ja wirklich genauso so: Erst wenn die Menschen krank sind oder andere schlimme Ereignisse ihr gewohntes Leben auf den

Kopf stellen, fangen sie wieder an, zu Gott zu beten und um Hilfe zu bitten. Oft fangen diese Gebete an mit „*Bitte, Gott, vergib mir*“, was ein wichtiger Schritt ist, um Hilfe zu bekommen.

Das ist, wie wenn die Wasserleitung im Haus abgestellt wurde und man sich einen Becher mit Wasser füllen möchte. Erst, wenn ich den Haupthahn wieder aufdrehe, kann das Wasser in meinen Becher fließen und mich nähren.

So in etwa kann man es sich vorstellen, wenn die Energie von Gott wieder fließt. Und wenn man regelmäßig betet, sich auch immer wieder für die guten Dinge im Leben bedankt, ist man mit der Urquelle in ständiger Verbindung.

Abschließend möchte ich nochmals hervorheben, dass es wichtig ist, Gott selbst um Vergebung zu bitten, falls man sich zum Beispiel aufgrund eines Schicksalsschlags von seiner Energie getrennt hat. Erst dann können die Energien der „Göttlichen Einweihung“, wie auf Seite 195 beschrieben, wirken, weil man mit der Vergebung wieder die Verbindung zu Gott hergestellt hat.

Das Gebet *„Vater unser“* richtig beten

Man kann natürlich völlig frei in eigenen Worten für sich in Gedanken oder laut zu Gott beten. Man kann aber auch das *„Vater unser“* beten, welches viele sicher aus der Kirche oder dem Religionsunterricht kennen. Dieses Gebet – richtig gesprochen – ist ein großer Helfer und kann direkt negative Energien umwandeln.

Nun kennen es die meisten auswendig, und man betet es oft sehr unbewusst, wenn man mal aus einem bestimmten Anlass in der Kirche ist. Vielleicht beten es auch einige Leser für sich privat. So jedenfalls habe ich es oft getan. Ich dachte, es schafft mir eine Verbindung zu Gott und hilft mir in schweren Zeiten.

Allerdings wurde ich zu Beginn meiner geistigen Ausbildung von einem Engel eines Besseren belehrt: Als ich eines Tages wieder das „Vater unser“ betete, sagte der Engel laut und deutlich *„Stopp!“* und dass ich mir einen Stift und Papier nehmen solle, um das Gebet zu ändern.

Er erklärte mir, dass Verneinungen das Gegenteil bewirken, denn unser Unterbewusstsein kennt diese Formulierung nicht – ein „nicht“ gibt es nicht und aus „kein“ wird „ein“. Zum Beispiel: Aus *„Ich möchte nicht krank sein.“* wird *„Ich möchte krank sein.“*. Besser ist immer eine positive Formulierung, wie bei diesem Beispiel: *„Ich möchte gesund sein.“* oder *„Ich bin gesund.“*.

In Bezug auf das Gebet musste ich die Zeile *„und führe uns nicht in Versuchung“* ändern in *„und führe uns in das Gute“*, was tatsächlich gleich ein anderes Gefühl und eine positive Einstellung auslöst.

Der andere Satz war *„und erlöse uns von dem Bösen“*. Hierzu erklärte der Engel, dass der Mensch nicht von Grund auf böse ist und somit nicht erlöst werden muss. Es gebe aber dennoch – wie wir ja bereits erfahren haben –, nicht nur lichte und helle Wesen und Energien, sondern auch dunkle. Und davor sollte man sich schützen. So wurde aus dem Satz *„und schütze uns vor dem Bösen“*.

Hier nun das komplette Gebet:

Vater unser im Himmel,
geheiligt werde dein Name,
dein Reich komme,
dein Wille geschehe,
wie im Himmel so auf Erden.
Unser tägliches Brot gib uns heute
und vergib uns unsere Schuld,
wie auch wir vergeben unseren Schuldigern.
Und führe uns in das Gute,
und schütze uns vor dem Bösen.
Denn dein ist das Reich und die Kraft
und die Herrlichkeit in Ewigkeit.
Amen!

Kirchenrituale

Wie ich im Laufe meiner Tätigkeit als Medium sehen konnte, haben die meisten von uns Menschen einmal in einem früheren Leben als Pfarrer, Priester oder Nonne gelebt und ein Versprechen oder Gelübde gegenüber der Kirche ablegen müssen, welches im jetzigen Leben oft noch nicht aufgelöst ist. Dies kann dazu führen, dass wir bei bestimmten Themen nicht weiterkommen und das Gefühl haben, auf der Stelle zu treten – sei es privat oder beruflich.

So kam einmal eine Klientin zu mir, die große Partnerschaftsprobleme hatte, vor allem in sexueller Hinsicht. Man zeigte mir daraufhin ein Bild vor meinem geistigen Auge, dass sie in einem Vorleben ein Keuschheitsgelübde abgelegt hatte. Bei ihr sah ich einen geistig-energetischen Keuschheitsgürtel, den sie immer noch trug – natürlich unbewusst und nicht sichtbar. Dies bedeutete, dass sie noch immer an dieses Versprechen gebunden war und ihr Liebesleben nicht so entfalten konnte, wie sie es sich wünschte. Ich löste dieses Gelübde bei ihr auf, und nach einigen Wochen rief sie mich an und erzählte mir, dass sie sich richtig und vor allem glücklich verliebt hätte.

Oft hatte ich auch Ratsuchende, die in ihrer Partnerschaft unglücklich waren, sich aber nicht vom anderen lösen konnten. Meist lag es daran, dass sie durch ein Ritual, zum Beispiel ein Eheversprechen aus einem früheren Leben, noch an diesen Menschen gebunden waren.

Man kann diese Blockaden jedoch mit einem Auflösungsritual aufheben, egal, ob es sich nun um ein Gelübde, ein Versprechen oder eine andere Bindung durch ein Ritual handelt.

Auflösungsritual

Um zum Bespiel aus alten Verstrickungen und festgefahrenen Verhaltensweisen zu kommen, kann man das folgende Auflösungsritual vollziehen:

Man zündet zur Vorbereitung eine Kerze an und spricht ein Gebet. Anschließend wendet man sich an Gott, die Urquelle: „*Wenn Gott es will und meine Zeit gekommen ist, bitte ich, alle meine Versprechungen und Gelübde aus meinem jetzigen Leben und allen vorherigen aufzulösen.*"

Mit diesen Worten kann man sicher sein, dass alles aufgelöst wird, was nun gehen kann, aber Lernprozesse bestehen bleiben.

Dieses Ritual muss meist mehrfach an mehreren Tagen wiederholt werden, um ein gutes Ergebnis zu erzielen, weil manche Rituale sehr fest sitzen.

Der Rucksack des Lebens und das Waldritual

Ob nun Karma, Blockaden aus diesem Leben oder von anderen übernommene negative Energien – wir laden uns im Laufe der Zeit viele negative Energien auf und wundern uns, warum wir Rückschmerzen haben. Oft ist es unser sogenannter „Altlastenrucksack“, der mit der Zeit immer schwerer und schwerer wird, sodass wir ihn kaum noch tragen können und uns tatsächlich im realen Leben im wahrsten Sinne des Wortes krumm machen.

Um negative Energien und eben diese Altlasten effektiv loswerden zu können, gibt es mehrere Methoden. Eine davon werde ich später im Buch noch vorstellen, hierbei geht es um die violette Flamme. Eine andere, die ich regelmäßig nutze, ist die folgende:

Ich rufe in Gedanken Erzengel Michael mit seiner blauen Energie und bitte ihn um Unterstützung.
Anschließend stelle ich mir einen großen Karton vor und ziehe – ebenfalls alles in Gedanken – meinen Altlasten-Rucksack aus. Nun nehme ich alles, was sich in dem Rucksack befindet, heraus und packe es in den Karton. Sobald er gefüllt ist, schließe ich ihn und werfe ihn hinter mich, mit der Bitte an Erzengel Michael, er möge alles sortieren, auflösen oder transformieren. Sollte sich noch mehr in dem Rucksack befinden, stelle ich mir den nächsten leeren Karton vor und packe weiter, bis der komplette Rucksack geleert ist.
Zum Schluss stecke ich den Rucksack ebenfalls in einen Karton, wieder mit der Bitte an Erzengel Michael, diesen zu transformieren.
Nun stelle ich mir einen Wasserfall oder Wasserlauf vor, unter den ich mich geistig stelle und dessen klares Wasser mich durch und durch von allen Lasten reinigt.

Diese Auflösung tut unwahrscheinlich gut, und du wirst schnell merken, dass es dir sehr viel besser geht. Alles fühlt sich danach viel leichter an. Damit dieses leichte Gefühl weiterhin bestehen kann, sollte man nicht zurückschauen.

Ein sehr einfaches, aber wirkungsvolles Ritual, um seine Vergangenheit zu bereinigen, ist ebenso das folgende: Man zündet eine Kerze an und spricht tief aus dem Herzen ein Vergebungs-Gebet. Dann nimmt man sich ein Maßband und schneidet es an der Stelle des eigenen Alters ab, mit der Bitte an die Engel, sie mögen die Vergangenheit bereinigen. Hierbei sollte man die Worte sprechen: „*Wenn Gott es will, möge es geschehen.*“

Das abgeschnittene Maßband kann man anschließend in den Müll entsorgen mit dem festen Glauben, dass nun alles bereinigt ist, was zu diesem Zeitpunkt abgelöst werden durfte.

Dieses Ritual kann man von Zeit zu Zeit wiederholen.

Unsere Ahnen

Viele Menschen wissen zwar, dass es bestimmte Krankheiten oder Verhaltensweisen gibt, die sich innerhalb einer Familie durch viele Generationen „vererben“. Vererben deshalb in Anführungszeichen, weil die meisten leider glauben, dass man daran nichts verändern kann, was so nicht stimmt. Familienkrankheiten müssen nicht zwangsläufig immer in den Genen festgeschrieben bleiben, man kann sie auflösen, ja regelrecht befreien.

Meist tauchen in einer Familie immer wieder die gleichen Probleme auf – die Probleme, die von unseren Ahnen weder gelöst noch bearbeitet wurden. Diese unbearbeiteten Probleme sind es, die man von Generation zu Generation weitergibt, bis sie endlich als das gesehen und angenommen werden, was sie sind, nämlich Konflikte oder Blockaden in der Ahnenreihe.

Zum besseren Verständnis möchte ich hier gern ein Beispiel aus meinem Leben erzählen:

Ich war noch sehr jung und hatte überhaupt nicht vor, früh zu heiraten, mich fest zu binden. Mir stand damals eine erfolgreiche Zukunft als Tänzerin in Aussicht, was mir sehr wichtig war und viel mehr als ein Hobby. Doch als ich 16 Jahre alt war, lernte ich einen jungen Mann kennen, der großes Interesse an mir hatte. Doch er gefiel nicht mir, sondern meiner Großmutter ausgesprochen gut. Ich fand ihn lediglich ganz nett, und gut sah er auch aus, aber verliebt war ich nicht in ihn. Meine Oma überredete mich jedoch leider erfolgreich, mit diesem Mann zusammenzukommen, sie drängte mich förmlich in eine Beziehung mit ihm, obwohl ich die ganze Zeit spürte, dass er nicht der Mann ist, den ich wollte, aber ich konnte mich nicht wehren, und so heiratete ich ihn letztendlich auch noch. Natürlich ging das nicht ewig gut, und so ließ ich mich unter Protest meiner Großmutter nach zehn endlos langen Ehejahren wieder scheiden.

Es dauerte allerdings nicht lange, bis ich einen anderen Mann kennenlernte. Auch hier sagte mir eine innere Stimmte, dass es nicht der Richtige ist, aber ich handelte wie ferngesteuert und heiratete ihn letztendlich doch. Bereits nach kurzer Zeit erkannte ich, dass ich denselben Typ Mann zum zweiten Mal geheiratet hatte. Es war genau das gleiche Muster, und so war auch diese Ehe zum Scheitern verurteilt. Mir selbst fiel zwar auf, dass ich mir immer denselben Typ Mann aussuchte, aber ich wusste nicht, welche Ursachen und Hintergründe dies hatte, diese konnte ich damals noch nicht erkennen.

Erst als ich mich in einen Mann verliebte und erkannte, dass er in Verhalten und Aussehen meinem Großvater sehr ähnlich war, zeigten mir meine geistigen Helfer Folgendes: Meine Großmutter war damals sehr in einen Mann verliebt, mit dem sie nicht zusammen sein konnte, weil sie bereits mit meinen Großvater verheiratet war, den sie eigentlich nie wirklich wollte. Dieser Mann, in den sie so verliebt war, war wohl meinem ersten Mann sehr ähnlich... Deshalb stülpte sie mir ihre eigenen Wünsche über, um sie so über mich leben zu können, sie benutzte mich quasi für ihre ungelebten Träume. Auch meine Mutter musste bereits einen Mann heiraten, den sie eigentlich nicht wollte, der ihr aber von meiner Großmutter aufgedrängt wurde. Auch dieser Mann hatte Ähnlichkeit mit der großen Liebe meiner Oma. So durchlief dieses Muster, den falschen Mann zu heiraten, schon drei Generationen.

Das Muster wäre durchbrochen worden, wenn sich meine Großmutter von meinem Großvater getrennt hätte, was jedoch in der damaligen Zeit nicht möglich war. Oft sind solche Muster und Themen auch von Krankheiten begleitet, die durch das unglückliche Weiterführen der Ahnenthemen entstehen. So starb meine Mutter schon sehr jung, und auch ich hatte während der ersten beiden Ehen viele gesundheitliche Probleme, teilweise auch lebensbedrohliche.

Als ich nun diesen Mann kennen und lieben lernte, wollte ich auf jeden Fall das Muster auflösen, damit nicht auch meine dritte Ehe unglücklich enden würde.

Während einer Meditation wurde mir klar, dass ich – wie im Kapitel über Karma beschrieben – erst einmal in das Verzeihen gehen musste, damit all der Hass und Groll bereinigt werden würde. Nachdem ich dies getan hatte, bauten sich vor meinem geistigen Auge meine Ahnen mütterlicherseits auf, und zwar in der Reihenfolge, wie sie richtig war. Davor standen noch meine Söhne, die die nächste Generation mit diesem Muster darstellten. Mir wurde klar, dass sich das Muster schon mehrere Generationen zurück aufgebaut haben musste.

Nun wurde ich angeleitet, ganz helles, heilendes Licht durch den Solarplexus meiner Söhne und dann durch meinen hindurch scheinen zu lassen. Das Licht lief nun weiter durch alle Ahnen, die hinter mir standen, jeweils durch den Solarplexus.

Das Bild am Ende dieses Kapitels zeigt, wie man sich eine Ahnenreinigung vorstellen kann: Hierbei handelt es sich tatsächlich um eine Ahnen-Reihe, in welcher alle Vorfahren hintereinander stehen, damit der Lichtstrahl gut durchfließen kann. Man darf diese Art der Ahnenaufstellung nicht mit dem uns bekannten Stammbaum verwechseln, bei welchem sich die Vorfahren in vielen Verzweigungen zeigen.

Plötzlich spürte ich, wie das Licht stockte, und drehte mich um, um die Situation näher zu sehen. Bei der Ahnenreihe, wo das Licht stehen blieb, nahm nun ein Engel eine Seele aus der Reihe hinaus, reinigte sie von diesem Muster beziehungsweise der Blockade und fügte sie danach wieder an ihren Platz in die Ahnenreihe ein. Nun gab mir der Engel ein Zeichen, dass ich das Licht weiter durch alle beteiligten Seelen fließen lassen sollte. Nachdem alle gereinigt waren, verschwand das Licht.

Nun bat ich nochmals alle Beteiligten um Vergebung, vor allem aber für mich selbst, und sprach zu ihnen: *„In Liebe gebe ich euch alle frei und in Gottes Hand.“*

Meinem Mann sagte ich nicht, was ich getan hatte, aber ich freute mich sehr, als er mich nach kurzer Zeit fragte, ob ich auch merken würde, dass sich etwas verändert hätte. Er meinte, unsere Beziehung würde sich viel harmonischer und positiver anfühlen, so als wäre mehr Leichtigkeit zwischen uns. Genau dieses Gefühl stellte sich direkt nach der Ahnenreinigung auch bei mir ein.

Auf diese Art kann man die Themen in der Ahnenreihe für sich lösen, egal ob sie mütterlicher- oder väterlicherseits entstanden sind. Man sendet durch den eigenen Solarplexus (wenn man Kinder hat, stehen diese vor einem selbst und man beginnt dort mit dem Durchleuchten) viel Licht und lässt es, durch die Ahnenreihe hindurch, durch den Solarplexus jedes Einzelnen fließen, bis es irgendwo stehenbleibt. Dort ist der Ursprung des Musters oder der Blockade, und dort wird von einem Engel die Seele zur Seite genommen und gereinigt, dann wieder in die Ahnenreihe eingefügt, durch die man das Licht noch weiter durchfließen lässt.

Wenn das Licht erlischt, geht man tief in sein Herz und verzeiht allen Beteiligten und sendet ihnen viel Liebe und wünscht ihnen Gottes Segen.

Zum Thema „Ahnen“ empfehle ich das Buch von S. N. Lazarev *„Karmadiagnostik“*, welches ich mit Begeisterung gelesen habe, so wie anschließend auch alle anderen von ihm.

Verdeckte Aufstellung

Sicher fragen Sie sich, wie man nun wissen kann, ob man Karma auflösen soll oder ob eine Ahnenreinigung gut wäre, ob man sich selbst reinigen sollte und mit wem überhaupt die aktuellen Probleme zusammenhängen. Manchmal braucht es eine gute Entscheidungshilfe, um den nächsten Schritt machen zu können. Hierfür möchte ich dir folgendes Hilfsmittel empfehlen, wozu du einen Helfer benötigst.

Wenn du zum Beispiel ein Problem oder eine Blockade hast und nicht weißt, was genau nun zu tun ist, in welche Richtung du etwas auflösen sollst, kannst du dir erst einmal alle Gedanken, die dir dazu einfallen, auf einen Zettel schreiben. Hat es mit deiner eigenen Familie zu tun? Mit Vater, Mutter, Ehepartner? Oder kommt es aus einem früheren Leben? Ist es karmisch, liegt ein Schock zugrunde, ist es ein Ereignis aus dem jetzigen Leben?

Alle diese Stichpunkte solltest du dir vorab notieren, zum Beispiel:

- Karma
- Probleme während der eigenen Schwangerschaft
- Probleme bei der Geburt
- Ahnenreihe mütterlicherseits
- Ahnenreihe väterlicherseits
- Probleme im jetzigen Leben
- Fluch
- Verwünschung
- Besetzung
- altes Muster
- Blockade in den Chakren
- Störfeld im Haus
- usw.

Anschließend wählst du erst einmal fünf Themen aus und schreibst diese auf jeweils einen Zettel, faltest sie einzeln und mischst sie mit geschlossenen Augen. Dann schreibst du auf jeden gefalteten Zettel eine Zahl von 1 bis 5.

Nun mischst du alle Zettel noch einmal und ziehst einen dieser zusammengefalteten Zettel mit geschlossenen Augen und ohne Fragestellung. Du stellst dich nun barfuß auf diesen zusammengefalteten Zettel und spürst in dich hinein: Welche Gefühle habe ich? Wut? Freude? Traurigkeit? Schwanke ich? Wird mir übel oder schwindlig, oder stehe ich stabil wie ein Baum und es geht mir gut?

Das machst du mit allen Zetteln, und du notierst dir zu der entsprechenden Zahl alles, was du empfindest, wie es dir in dieser Energie geht, die du spürst, wenn du auf dem Zettel stehst. Erst, wenn du mit allen Zetteln fertig bist, schaust du dir die Themen an, für welche die Zahlen stehen, und wertet sie aus.

Den Zettel, bei dem es dir am schlechtesten ging, schaust du zuerst an. Hier hast du nun einen guten Hinweis, in welche Richtung du auflösen musst. Vielleicht fallen dir hierzu auch noch weitere Ereignisse oder Zusammenhänge ein, die du dann wiederum aufschreiben und mit der versteckten Aufstellung austesten kannst. So kannst du das Thema Stück für Stück einkreisen und detaillierter betrachten. Wenn du auf „Störfeld im Haus“ am schlechtesten reagiert hast, kannst du hier weiter schauen, ob es geopathische Störfelder sind, Geister, negative Energien usw.

Nun kannst du dir die Methoden, mit denen du die Blockade lösen möchtest, anschauen. Nehmen wir einmal an, es geht um einen unerfüllten Kinderwunsch, und bei den verschiedenen Themen zum Austesten reagiertest du stark auf die „Ahnenreihe väterlicherseits“, dann würde ich, wie im vorherigen Kapitel beschrieben, eine Ahnenreinigung durchführen.

In diesem Buch stelle ich jedoch noch mehr Methoden vor, zum Beispiel, wie man sich selbst reinigen kann, oder wie man mit seinem inneren Kind arbeitet. Alle diese Methoden kann man für sich selbst ganz individuell austesten und anwenden. Es dauert wohl etwas länger, als ein hellsichtiges Medium um Rat zu fragen, was in verzwickten Situationen oft die einzige Hilfe ist, aber dennoch ist es eine sehr wirksame Methode, um sich selbst zu helfen.

Bei Fragen zu Entscheidungen (wie zum Beispiel die Berufswahl) ist es natürlich andersherum, hier zählt der Zettel, auf welchem man am stabilsten stand und sich wohl gefühlt hat.

Mein Sohn stand einmal vor einer großen beruflichen Entscheidung. Er konnte zu diesem Zeitpunkt drei Wege gehen: in die Selbstständigkeit, in ein Angestelltenverhältnis oder als Geschäftsführer in eine große Firma einsteigen. Er machte die versteckte Aufstellung, die deutlich zeigte, dass er sich selbstständig machen sollte. Auf diesem Zettel für Selbstständigkeit fühlte er sich, wie er selbst sagte, *„stark wie ein Baum"*. Aber seine Entscheidung fiel dennoch auf den Posten als Geschäftsführer. Nach einer Weile gab es dort jedoch Unstimmigkeiten, er verließ die Firma und machte sich selbstständig – und das sehr erfolgreich.

Ein weiteres Beispiel ist eine Familie, die das Ziel hatte, vom Norden nach Süddeutschland zu ziehen. Recht schnell fanden sie sogar gleich mehrere Wohnungen zur Miete in verschiedenen Orten. Eine Wohnung hatte es ihnen besonders angetan, doch auch die anderen waren recht hübsch und gut bezahlbar. Weil die Entscheidung schwer fiel und sie nichts falsch machen wollten, nahmen sie die Methode der versteckten Aufstellung zur Hilfe, und heraus kam tatsächlich die Wohnung, in welcher sie sich direkt sehr wohl gefühlt hatten. Nun waren sie sicher, dass die Entscheidung für diese Wohnung auf jeden Fall die richtige war und sie ihrem anfänglichen Gefühl vertrauen konnten.

Alle Antworten liegen bereits in uns selbst, und auf diese Art können wir abfragen, was in diesem Moment gut beziehungsweise hilfreich für uns ist zur Erfüllung unseres Lebensplans.

Noch einmal zusammengefasst: Bei Fragen zu Blockaden, Ursachen oder Zusammenhängen ist immer eine negative Reaktion unseres Körpers die richtige Antwort, um das Thema herauszufinden, welches bearbeitet werden sollte. Umgekehrt ist es bei Entscheidungsfragen, hier ist die richtige Antwort auf dem Zettel verborgen, wenn wir uns darauf stabil und gut fühlen.

Der Muskeltest

Der Muskeltest ist ein kinesiologisches Verfahren. Zum Thema „Kinesiologie“ findet man viele Informationen im Internet und auch zahlreiche Bücher. Es ist ebenfalls eine Methode, die die körpereigene Intelligenz nutzt, um Antworten auf bestimmte Fragen zu finden. Speziell ausgebildete Kinesiologen können mit besonderen Muskeltests körperliche Blockaden aufspüren und mit geeigneten, zum Teil auch individuell austestenden Verfahren ebenso auflösen.

Ich möchte hier lediglich den Muskeltest vorstellen, mit dem man sich selbst helfen kann, indem man Antworten abfragt, die genau wie bei der versteckten Aufstellung bereits in einem sind. Es erfordert etwas Übung und Sicherheit, ist aber eine gute Methode zum Testen.

So wie auf der Zeichnung hält man Zeigefinger und Daumen der einen Hand aufeinander gepresst. Zeigefinger und Daumen der anderen Hand bilden einen weiteren Ring, den man im Ring der anderen Hand schließt und somit eine liegende Acht bildet.

Zur Übung sagt man laut ein „Ja“. Dabei sollte versucht werden, die Ringe auseinander zu ziehen. Ist der Widerstand zu hoch, gelingt dies nicht und die Ringe bleiben geschlossen, ist das unser Zeichen für die Antwort „Ja" beziehungsweise für ein positives Ergebnis.

Bei einem laut gesprochenen oder gedachten „Nein" sollte man nun die Ringe locker öffnen und auseinanderziehen können. Man kann in diesem Fall die Fingerspitzen locker durchziehen, sodass man die Hände wieder getrennt hat, aber die Finger noch an jeder Hand einen Ring bilden.

In der Praxis habe ich schon erlebt, dass bei manchen Menschen die Antwort umgekehrt ist. Geschlossener Ring heißt dann „Nein" und ein Durchdringen des Ringes „Ja". Dies kann man jedoch gut selbst testen, indem man anfangs mit Fragen übt, deren Antworten bereits klar sind.

Wichtig ist, dass der Krafteinsatz zum Auseinanderziehen beide Male der gleiche ist, um das Ergebnis nicht zu manipulieren. Mit ein bisschen Übung bekommt man hier sehr gute Antworten und kann zum Beispiel beim Einkaufen ohne großen Aufwand Lebensmittel auf Verträglichkeit für sich selbst testen. Hier reicht es, wenn man den Blick auf das Produkt gerichtet hat, sich quasi mit der Energie verbindet und dann den Muskeltest mit den Fingern macht.

Man kann mit dieser Methode aber auch fragen, ob ein Schritt, den man gehen möchte, positiv ist, wenn man sich unsicher ist oder man mehrere Wahlmöglichkeiten hat, zum Beispiel, welches Seminar optimal ist oder ob man sich überhaupt anmelden soll.

Wenn man mit dieser Methode anfangs noch unsicher ist, kann man wiederum die versteckte Aufstellung hinzuziehen, um das Ergebnis zu überprüfen. Wichtig bei allen Testmethoden ist das Wissen, dass unser Unterbewusstsein und unsere Körperintelligenz alle Antworten auf unsere Fragen kennen.

Pendel, Tensor und Kartenlegen

Eine weitere Testmethode ist das Pendeln sowie das Testen mit einem Tensor, beides sind Hilfsmittel, die Schwingungen transportieren beziehungsweise sichtbar machen können. Zum richtigen Erlernen ist meiner Meinung nach etwas mehr Übung erforderlich als beim Muskeltest. Es erfordert Zeit und Geduld, neutral testen zu können und dem Hilfsmittel, das man benutzt, zu vertrauen. Deshalb rate ich Anfängern auch, anfangs keine essentiell wichtigen Lebensfragen zu testen, sondern mit leichten Dingen anzufangen, wie z.B. von dem Lebensmittel, von dem ich weiß, dass ich es gut vertrage, einfach einmal die verschiedenen Sorten oder Hersteller zu testen, um das optimale Produkt zu finden. Oder zum Beispiel auf Fragen einzugehen, deren Beantwortung mein weiteres Leben nicht direkt extrem beeinflussen kann, wie zum Beispiel verschiedene Räucherstäbchen auszutesten oder zu erforschen, welche der energetischen Reinigungsmethoden, die in diesem Buch vorgestellt werden, gerade jetzt für mich selbst optimal wären.

Pendelkurse gibt es genauso zahlreich wie Bücher zum Erlernen dieser Testmethoden. Deshalb möchte in diesem Buch auch keinen Lehrgang für das Erlernen des Pendelns anbieten.

Oft jedoch erlernt man auf solchen Seminaren oder durch Bücher nur die rein mechanische Funktion des Testens. Auch hier gibt es sicher gute Bücher und gute Lehrer, die in ihren Kursen wichtige energetische Informationen rund um das Thema Pendeln weitergeben. Was ich hier jedoch allen Interessierten vermitteln möchte, ist ein vielleicht etwas spirituellerer Umgang mit dieser Testmethode, so wie ich ihn aus der geistigen Welt gelernt habe.

Hierzu gehört an erster Stelle das regelmäßige Reinigen des Pendels. Dies kann man unter kühlem, fließendem Wasser machen – mit der Bitte, dass alle negativen und fremden Energien entfernt werden. Oder man nimmt das Pendel in seine Hände und stellt sich vor, wie goldenes Wasser das Pendel durch und durch reinigt. Hat man dies getan, sollte man es nicht an andere verleihen oder in andere Hände geben, damit es für den eigenen Gebrauch rein bleibt. Nach der Reinigung kann man auch Erzengel Michael um Schutz für das Pendel bitten.

Während einer Pause anlässlich eines meiner Engelseminare sah ich, wie eine Mutter etwas mit dem Pendel testete. Sie hatte sich zuvor mit einer anderen Teilnehmerin über Nahrungsmittelunverträglichkeiten unterhalten, wovon ihre Tochter wohl sehr geplagt war. Nun hatte sie einen Tipp bekommen und wollte für ihre Tochter, die nicht anwesend war, dieses empfohlene Lebensmittel testen. Dabei hielt sie das Pendel über ihre linke Handfläche. So hatte sie es gelernt, wie sie sagte, als ich sie auf ihre Testmethode ansprach.

Ich erklärte ihr, dass die geistige Welt mir während meiner Pendel-Anfänge erklärt hatte, dass man das Pendel etwas weiter weg halten soll, sonst testet man in der eigenen Aura, was zu falschen Ergebnissen führen kann. Wir machten zum Veranschaulichen einige Testungen, sie auf ihre und ich auf meine Weise, und schrieben – jede für sich und für die andere verborgen – die Ergebnisse auf. Anschließend bat ich sie, meine Methode auszuprobieren und ebenfalls die Ergebnisse zu notieren.

Als sie fertig war, verglichen wir unsere Testungen. Bei der Testung außerhalb der Aura hatten wir exakt die gleichen Ergebnisse, sodass sie überzeugt war, diesen Rat von nun an zu beachten.

Was ebenso wichtig ist, wenn man mit einem Pendel oder Tensor arbeiten möchte, ist, dass man sich selbst und seinem Hilfsmittel vertraut. Ich tue dies zu hundert Prozent, sonst könnte ich es gleich sein lassen. Wenn man unsicher an diese Methode herangeht und seinen Ergebnissen nie traut, wird man nicht verantwortungsvoll pendeln können. Mein Pendel und ich bilden sozusagen eine Einheit. Es kommt nie in fremde Hände, wird gereinigt, wenn notwendig, und ich vertraue darauf, dass es mir immer die richtige Antwort anzeigt.

Zu Beginn habe ich jedes Mal, bevor ich anfing, für andere zu pendeln, Erzengel Michael gebeten, seine blaue Energie zwischen mich und das Pendel zu stellen, damit nicht meine eigenen Energien in das Ergebnis mit hineinspielen. Nach einer Weile brauchte ich nur das Pendel in die Hand zu nehmen und kurz an den Erzengel zu denken, und er war da und baute einen Schutz auf.

Wichtig sind auch kurze und klar formulierte Sätze, wenn man etwas geistig abfragen möchte, also Fragen, die klar mit einem „Ja" oder „Nein" beantwortet werden können. Aus *„Soll Herr XY die Abteilung in seiner Firma wechseln, damit er seinen Chef los wird?"* wird *„Ist ein Abteilungswechsel zum jetzigen Zeitpunkt optimal?"*.

Wichtig ist beim geistigen Pendeln auch, keine Verneinungen abzufragen. So wird zum Beispiel aus *„Ist der Besuch nächste Woche nicht gut für mich?"* zu *„Ist der Besuch nächste Woche für mich gut?"* Das Unterbewusstsein kennt keine Verneinungen, diese existieren einfach nicht. Zeigt das Pendel ein „Ja", denkt man, der Besuch wäre nicht gut, dabei antwortet es in diesem Fall auf die Frage, ob der Besuch gut ist.

In zahlreichen Beratungsgesprächen wurde ich ebenfalls gefragt, warum meist ein anderes Ergebnis herauskommt, wenn man im Falle einer Schwangerschaft fragt, ob es ein Junge oder ein Mädchen wird. Das liegt an der Energie des neuen Erdenbürgers. Hat dieser eine eher weibliche Energie, ist aber geschlechtlich ein Junge, kommt es zu falschen Ergebnissen. Das Pendel erfasst die Energie, nicht das Geschlecht. In dem Fall sollte man gezielt fragen, ob das Baby männliche oder weibliche Geschlechtsorgane hat.

Noch ein paar Worte zum Thema Kartenlegen, denn diese Form der Vorausschau nutze ich manchmal, um Zusammenhänge besser erkennen zu können. Mein Engel sagte einmal, ich bräuchte keine Karten zu Hilfe zu nehmen, ich bekäme die Antworten direkt aus der geistigen Welt, aber ich mache es trotzdem, weil es mir einfach Spaß macht und immer wieder bestätigt, was ich sehe, höre oder fühle. Und ich empfinde es als hilfreich, dass alles, was zu einem bestimmten Thema gehört, auf einen Blick zu erfassen ist. Viele behaupten, dass die Antworten, die man aus einem Kartenbild ersehen kann, nur zu 30% verlässlich sind. Dies sehe ich anders, denn es kommt immer auf die Einstellung des Kartenlegers an, wie gut das Ergebnis und die Deutung ausfällt – vertraut man den Karten zu 100 Prozent, wird auch das Ergebnis entsprechend ausfallen.

Hier habe ich allerdings länger gebraucht, um das für mich passende Kartendeck zu finden. Weil meine Engel und geistigen Ausbilder der Meinung waren, dass es überflüssig sei, Karten zu kaufen, halfen sie mir auch nicht dabei, die richtigen zu finden. So landeten mit der Zeit mehr als 10 Kartendecks im Mülleimer, bis ich eines gefunden habe, das sehr gut funktionierte und mit welchem ich gut klar kam, und das ich auch heute noch benutze.

Gelernt habe ich diese Methode allein mit Hilfe von Büchern und indem ich mich intuitiv leiten ließ, der Rest kam beim Tun.

Auch hierzu möchte ich keinen Lehrgang anbieten, aber betonen, dass das Kartenlegen keine schwarze Magie darstellt, was ich oft zu hören bekomme. Man kann es allerdings ganz bewusst zu dunklen Zwecken und schwarzmagischen Legungen nutzen, was ich jedoch niemals tun würde. Wenn man im Positiven bleibt und mit Hilfe der Karten nicht manipulieren möchte, kann man hiermit gute Aussagen bekommen.

In den Karten sieht man allerdings nur Tendenzen, die Schritte hierfür muss man selbst tun. Wenn die Karten für eine neue Partnerschaft günstig liegen, muss man auch die Wohnung verlassen, um diesen Menschen kennenzulernen. Nur online am Computer lernt man entweder gar niemanden kennen oder zumindest nicht richtig und live. Man sollte ja auch ein Gespür für diesen Menschen bekommen. Also selbst, wenn in den Karten liegt, dass ein neuer Partner kommt oder ein Umzug ansteht, muss man die notwendigen Schritte dafür tun. Weder ein Partner noch ein Vermieter oder Verkäufer klingeln an der Tür und sagen: *„Da bin ich, los geht's!"* Oder zumindest in den allerwenigsten Fällen. ☺

Abschließend möchte ich noch erwähnen, dass sowohl das Pendeln als auch das Kartenlegen sowie der Muskeltest tolle Entscheidungshilfen sein können, dennoch rate ich davon ab, diese Hilfsmittel für alle Lebensfragen ständig zu Rate zu ziehen. Wir müssen auch lernen, unserer Intuition zu vertrauen. So können diese Testmethoden anfangs gute Hilfsmittels ein, um unsere eigenen Eingebungen zu überprüfen, bis wir merken, dass wir ihnen absolut vertrauen können.

Das Unterbewusstsein

Wenn wir etwas für uns austesten, egal mit welcher Methode, werden wir oft von unserem Unterbewusstsein geführt. Dort sind alle Informationen gespeichert – aus den vergangenen Leben, aus dem jetzigen Leben, aber auch der Lebensplan, das heißt, dort sind ebenfalls alle Informationen gespeichert, die wir für unser weiteres Leben benötigen. So leitet uns unser Unterbewusstsein wie ein Navi durch unsere Lernprozesse, und zwar immer genau dorthin, wo wir unsere Lernaufgaben erfüllen können.

Und genau deshalb kommt es auch vor, dass wir rückblickend denken, unser Pendel oder die Karten oder andere Testmethoden hätten uns ein falsches Ergebnis gezeigt. Wenn dem so sein sollte, ist es jedoch meist so, dass uns unser Unterbewusstsein zum nächsten Lernprozess geführt hat. Was sich erst einmal vermeintlich falsch anfühlt, ergibt oft erst im Nachhinein einen Sinn.

Bei unserer Geburt gehen wir alle durch den „Kanal des Vergessens" und wissen deshalb nicht, was nun genau in dem Lebensplan steht, damit wir unvoreingenommen unsere Schritte tun können. Deshalb kann auch kein noch so gutes hellsichtiges Medium alle Ereignisse für unser Leben voraussagen, durch welche wir unvermeidbar und unvorbereitet hindurch müssen.

Ich bekomme bei meinen Klienten das Unterbewusstsein immer als eine Art Festplatte wie bei einem Computer gezeigt, auf welcher alle diese Informationen, Muster, Programmierungen usw. gespeichert sind. Manchmal darf ich alte Muster löschen, wenn sie nicht mehr dienlich und die Erfahrungen damit abgeschlossen sind. Auch darf ich manche Informationen, die darauf gespeichert sind, an meine Klienten weitergeben, wenn es der geistigen Welt wichtig erscheint.

Während meiner Ausbildung durch meine lichten geistigen Helfer bekam ich einmal ein Bild zum Bewusstsein und Unterbewusstsein übermittelt. Hier zeigte sich mir, dass das Bewusstsein nur etwa 5 cm

Reichweite hat, aber das Unterbewusstsein 11 km weit abstrahlt. Allein das zeigt, wie viel Einfluss unser Unterbewusstsein auf unsere Handlungen und Gedanken hat.

Positives Denken und Dankbarkeit

Wenn wir ein destruktives Muster oder eine Programmierung haben, die noch in unserem Unterbewusstsein gespeichert ist, kann man diese – wenn es Gottes Wille ist – löschen. In diesem Fall haben wir unseren Lernprozess bereits erfolgreich abgeschlossen. Ist zum Beispiel ein altes Muster, dass sich aufgrund einer Verletzung aufgebaut hatte und unser Selbstwertgefühl negativ beeinflusste, aufgelöst, können sich schnell wieder positive Gedanken über uns selbst einstellen.

Manchmal ist es aber auch so, dass man sich negatives Denken förmlich antrainiert hat und es zu einer Gewohnheit wurde. Hier spielen aber auch oft übernommene Gedankenmuster hinein, die wir schon im Mutterleib und auch in den ersten Lebensjahren von unserer Familie und dem Umfeld übernehmen.

Es ist deshalb nicht immer leicht, sich aus dem Negativ-Denken herauszuholen, aber dennoch mit etwas Geduld und Disziplin möglich.

Auch ich musste dies lernen... Meine Familie war nicht reich, und immer drehte sich alles um das Geld und was wir uns alles nicht leisten konnten und uns hart erarbeiten mussten. Diese Gedankenmuster hatte auch ich übernommen, ich wurde von diesen schon als kleines Kind geprägt – sie wurden zu meiner Wahrheit und Lebenseinstellung.

Dies waren Glaubenssätze wie *„Gott will nicht, dass wir reich sind.“*, *„Geld stinkt.“* oder *„Geld allein macht nicht glücklich.“*. Auch die Meinungen und Einstellungen gegenüber reichen Menschen waren von Neid gezeichnet. So hieß es über Reiche immer, dass sie angäben mit ihrem Geld, dass sie hochnäsig und geizig seien, egoistisch etc. Natürlich möchte man selbst nicht so werden, also verhindert man wohl besser, reich zu sein und gibt sich mit weniger zufrieden. Nur dann, so glauben viele Menschen, ist man ein guter Mensch, demütig vor Gott und „normal“.

Erst viel später, als ich finanziell nicht mehr ein noch aus wusste, hatte ich nur noch eine Möglichkeit, die ich unbedingt probieren wollte: Meine Gedanken zum Thema Geld umzustellen, damit ich überhaupt noch die nächsten Rechnungen bezahlen konnte, denn es wurde immer schwerer, mich finanziell überhaupt über Wasser zu halten.

In dieser Zeit begann meine Ausbildung durch die geistige Welt. Aber weggezaubert wurde mir mein Problem leider nicht, ich wurde nur angewiesen, endlich meine negativen Gedanken zu überprüfen und schnellstmöglich zu ändern.

Nun, ich hatte tatsächlich keine guten Gedanken zum Thema Geld und Reichtum, auch meine Einstellung reichen Menschen gegenüber war eher negativ. Warum hatten manche Menschen anscheinend mit Leichtigkeit viel Geld, und meine Familie und ich lebten – zumindest seit kurzer Zeit – am Rande des Existenzminimums? Und die Zeiten davor waren finanziell gesehen auch nicht gerade rosig.

Aber alles Jammern half nichts, das machten mir die Engel klar – ich musste handeln. So fand ich heraus, dass ich von Kindertagen an wirklich viele Glaubenssätze meiner Familie übernommen hatte. *„Wir sind keine Geldleute.“*, *„Wir können uns nichts leisten.“*, *„Nie reicht das Geld.“*, *„Reiche Menschen sind arrogant und geizig, wir sind wenigstens normal.“* usw. Und mal ganz ehrlich, so denken doch viele Menschen. Zumindest konnte ich das anhand der Arbeit mit sehr vielen meiner Klienten immer wieder feststellen.

Um diese Glaubenssätze umzuwandeln, muss man wirklich ganz bewusst immer wieder das Gegenteil denken, damit es irgendwann einmal im Unterbewusstsein verankert werden kann, zum Beispiel:

- *„Ich bin es wert, reich zu sein.“*
- *„Ich kann alle meine Rechnungen bezahlen.“*
- *„Mit Leichtigkeit verdiene ich viel Geld.“*
- *„Mein Konto ist immer gut gefüllt.“*
- *„Ich bin reich.“*
- *„Mit Leichtigkeit fließt Geld zu mir.“*
- usw.

Wichtig ist hierbei wieder, keine Verneinung einzubauen, wie *„Ich bin ~~nicht~~ länger arm."* oder *„~~Keine~~ Rechnung bleibt offen."*, weil ja, wie bereits erwähnt, das Unterbewusstsein keine Verneinung kennt.

Das war auch für mich nicht immer einfach, denn so zu denken, war sehr ungewohnt und fühlte sich anfangs komplett falsch an, weil es noch(!) keine Realität war. Aber ich blieb dran und stellte mir darüber hinaus immer und immer wieder vor, dass ich alle meine Rechnungen mit Leichtigkeit pünktlich bezahlen konnte. Immer, wenn eine Rechnung ins Haus kam, bedankte ich mich beim Universum, dass ich mir das alles so gut leisten kann und mein Konto immer ausgeglichen ist.

Es dauert zwar mitunter Wochen oder Monate, bis man sich komplett umgestellt hat und diese positiven Gedanken nicht mehr immer bewusst denken muss, sondern sie im Unterbewusstsein als selbstverständlich verankert werden, aber die Mühe lohnt sich.

Bei mir kam tatsächlich einiges in Fluss, das Leben wurde leichter und meine finanziellen Sorgen waren wie weggewischt und gehören seit damals der Vergangenheit an.

Ein anderes Beispiel: Ein Neffe von mir beherrscht diese positive Form des Denkens, seit er erwachsen wurde. So bewarb er sich damals viel zu spät um einen Ausbildungsplatz – zum Schrecken seiner Eltern. Es war eine wirklich sehr begehrte Lehrstelle unter den Jugendlichen, weil man dort viel verdienen konnte und gute Aufstiegschancen hatte. Deshalb war er einer von sehr vielen Bewerbern und eben auch einer der letzten, wenn nicht sogar das Schlusslicht.

Er aber war fest in dem Glauben, dass er derjenige war, der diese Stelle bekommen würde – und dies lag nicht an seinen Zeugnissen. Die waren zwar gut, aber nicht besonders hervorstechend. Du ahnst es sicher schon: Er bekam diese Stelle. Er musste nicht einmal lange darauf warten, sondern wurde bereits kurz nach Eingang seiner Bewerbung zu einem Vorstellungsgespräch eingeladen, und der Vertrag wurde direkt aufgesetzt.

Zuvor erzählten mir seine Eltern schon eine Geschichte, die fast unglaublich klingt, aber genauso passieren kann, wenn man im festen, positiven Glauben ist. Mein Neffe hatte einen Wunsch, den er sich allein mit seinem Taschengeld nicht erfüllen konnte. Seine Eltern waren auch nicht bereit, ihm etwas mehr Geld zu geben, damit er sich den Wunsch erfüllen konnte. Sie hatten mehrere Kinder, und so gab es keine Ausnahme. Er aber machte sich nichts daraus und sagte, dass er schon zu dem fehlenden Geld kommen würde, er wäre sich da sehr sicher.

Kurze Zeit später ging er durch die Stadt und sah bei einem Geldautomaten, dass dort viele Geldscheine hervorschauten. Jemand hatte vergessen, das Geld mitzunehmen. Mein Neffe nahm es und brachte es zur nächsten Bank, wo der Verlust auch schon gemeldet war. Am nächsten Tag rief die Bank an und bedankte sich bei ihm im Namen der Besitzer, die dort für ihn eine Geldsumme als Finderlohn hinterlegt hatten. Dies war exakt die Summe, die ihm zur Wunscherfüllung gefehlt hatte…

Später, als wir uns einmal über diese Geschichten unterhielten, sagte er mir, dass es wichtig wäre, immer so zu tun, als wäre das, was man sich wünscht, schon da. Und das kann ich nur bestätigen. Dies funktioniert nicht nur in finanzieller Hinsicht, sondern auch bei anderen Themen, wie Gesundheit, Partnerschaft, Beruf usw.

In meinem Leben lernte ich mehrere Multimillionäre kennen und fragte einmal einen von ihnen, warum er so viel Geld hat und es immer mehr wird. Er sagte, da würde er erst gar nicht drüber nachdenken, er ginge einfach davon aus, dass es so ist und auch so bleibt. Er sei da ganz im Vertrauen und würde keinen anderen Gedanken zulassen. Außerdem wusste ich, dass ihm das Wohlergehen seiner Mitarbeiter sehr wichtig war und er diese auch sehr gut bezahlte. Er legte viel Wert auf ein gutes Betriebsklima und achtete und respektierte seine Mitarbeiter sehr.

Das war sein Geheimrezept – sein fester Glaube, seine positive Einstellung, und dass er weder gierig noch geizig war.

Sollte es aber einmal nicht gelingen, einen Wunsch erfüllt zu bekommen, wie zum Beispiel eine Reise oder einen Arbeitsplatzwechsel, dann hat auch dies einen Grund, und es ist für uns wichtig, es zu akzeptieren, in dem Wissen, dass es entweder nicht gut für uns gewesen wäre, nicht zu unserem Lebensplan gepasst hat oder ganz einfach etwas viel Besseres kommt.

Was ich auch gern erwähnen möchte, ist, dass man nicht nur positiv denken, sondern sich auch immer wieder für alles, was man erreicht hat, bedanken sollte. In der heutigen Zeit stelle ich oft fest, dass es den Menschen an Dankbarkeit mangelt – an der Dankbarkeit für das, was sie bereits haben und an der Dankbarkeit auch für die kleinen Dinge. Ein warmes Dach über dem Kopf (auch wenn man lieber ein anderes hätte), körperliche Gesundheit (auch wenn es hier und da zwickt), genug zu essen (auch wenn es keine Feinkost ist), gesunde Kinder (auch wenn sie manchmal Probleme haben usw.

In jedem Leben und in jeder noch so ausweglosen Situation findet sich etwas, wofür man dankbar sein kann. Das können auch Kleinigkeiten sein, aber wenn man beginnt, zu schauen, wofür man Gott und der geistigen Welt einmal dankbar sein könnte, fällt einem oft viel mehr auf, als man gedacht hätte, als sich das Denken nur im negativen Bereich damit beschäftigt hat, was man alles *nicht* hat.

Dankbarkeit öffnet Türen und lässt einen innerlich zur Ruhe kommen. „Danke" ist ein Schlüsselwort für unsere Engel, noch mehr Gutes für uns zu aktivieren – wenn es ehrlich gemeint ist und wir diese Dankbarkeit auch wirklich fühlen.

Sogar wenn wir uns für die Lebensaufgabe, die Schicksale oder die negativen Lebensumstände bedanken, können sie uns von Gott oft erlassen oder erleichtert werden. Dies geschieht, wenn wir tief in uns dankbar sind für die Erfahrungen, die wir in bestimmten Situationen machen durften. Dies ist in schweren Zeiten und wenn man schwere Schicksalsschläge erleidet, nicht immer einfach, und man muss manchmal lange suchen, bis man etwas gefunden hat, wofür man dankbar sein kann. Aber selbst nach dem Verlust einer geliebten Person kann man irgendwann einfach nur dankbar sein, dass man eine schöne Zeit mit diesem Menschen verbringen durfte.

Intuition

Alle Menschen werden mit der Gabe der Intuition geboren, man nennt es auch „Bauchgefühl“. Manche Menschen haben diese Intuition sehr ausgeprägt, nehmen sie auch bewusst wahr und nutzen sie, um Entscheidungen zu treffen. Viele Menschen jedoch vertrauen lieber anderen – ihrem Umfeld, der Politik, den Nachrichten, oder sie beauftragen ein Medium, einen Kartenleger oder Ähnliches, statt sich selbst zu vertrauen.

Wir alle haben jedoch alle Antworten in uns selbst und auch ein Bauch-Warnsystem, wenn etwas nicht stimmig ist. Höre ich mir zum Beispiel die neuesten Nachrichten im Radio an, kann ich gut mit meinem Bauchgefühl wahrnehmen, ob die Aussagen der Wahrheit entsprechen oder nicht.

Es ist eine reine Übungssache, wieder mit seinem Bauchgefühl zu kommunizieren und ihm zu vertrauen. Dazu kannst du gern die Meditation am Ende dieses Kapitels ausprobieren.

Aber zunächst noch ein paar Informationen zum Thema Intuition. Man nennt es auch das Bauchgefühl, weil es tatsächlich vom Solarplexus (siehe Kapitel „Chakren“) ausgeht. Dieser wiederum ist von Geburt an unsere größte Aufnahmestation. Wir können durch den Solarplexus unter anderem Licht aufnehmen, aber auch negative Energien aus unserem Umfeld anziehen. Außerdem ist er auch der Sitz unseres Unterbewusstseins. Dies alles spielt mit in unsere Entscheidungen hinein – das Unterbewusstsein, Fremdenergien sowie eigene Muster und Programmierungen.

Aus diesem Grund ist es nicht immer leicht, neutral zu bleiben und das wirklich eigene Bauchgefühl zu erkennen. Deshalb möchte ich dir gern die folgende Meditation an die Hand geben, damit du wieder lernst, deiner Intuition zu vertrauen:

Lege oder setze dich entspannt hin, höre eine leise, beruhigende Meditationsmusik und achte auf deinen Atem. Atme ein paar Mal tief ein und aus und merke, wie du dabei ruhiger wirst. Wenn du das Gefühl hast, dass du gleichmäßig und entspannt atmest, lass deine Gedanken ziehen. Stell dir vor, dass viele schöne weiße Wolken vorbeiziehen und deine Gedanken mitnehmen.

Gehe nun mit deiner Atmung in deinen Bauchraum und atme tief in den Bauch ein, sodass er sich sanft hebt und senkt. Dabei begibst du dich mit deiner Aufmerksamkeit in deinen Solarplexus und bittest die Engel, alles, was nicht zu dir gehört, zu entfernen. Warte einen Moment ab, bis du das Gefühl hast, dass nun alles energetisch gereinigt ist.

Nun bitte Gott, dir ein göttliches Schutzfeld in deinem Solarplexus aufzubauen, sodass keine fremden Energien mehr in den Solarplexus eindringen können. Vielleicht kannst du diesen Vorgang vor deinem inneren geistigen Auge sehen oder auch einfach in deinem Bauch spüren, dass er leichter wird und sich besser anfühlt als zuvor.

Nun bleibe in dem Vertrauen, dass du mit einem gereinigten Solarplexus eine gute Intuition hast, auf die du dich verlassen kannst.

Diese Übung kann zu jeder Zeit wiederholt werden, und du wirst merken, dass es mit der Zeit immer schneller geht.

Die Aura

Die Aura ist unsere eigene Energie, die unseren sichtbaren Körper umgibt und schützt. Für mich stellt sich diese Energie als eine Art feine Härchen dar, die in ganz verschiedenen Farben strahlen. Diese Farben können schnell wechseln, je nach Stimmung, äußeren Einflüssen, aber auch durch Probleme, Stress oder Krankheiten. Deshalb sind Aura-Fotografien, die es mittlerweile gibt (zum Beispiel die Kirlian-Fotografie), nur Momentaufnahmen.

Ist die Aura intakt, sehe ich darin wunderschöne Pastellfarben, die ineinander übergehen und sich sanft bewegen, alles sieht harmonisch aus und schwingt gleichmäßig.

Eine gestörte Aura sieht brüchig aus, kann Risse haben oder auch eingedrückt wirken. Insgesamt wirken die Farben sehr durchscheinend, so als wären sie ganz dünn. In einem solchen Zustand, der durch Stress, Probleme oder andere Blockaden entstehen kann, können obendrein noch negative Energien eindringen.

Wenn unsere Aura derart gestört ist, fühlen wir uns dünnhäutig, anfälliger für Reize und können Stresssituationen nicht gut standhalten. Mir wurde dies einmal an einem Bahnhof von der geistigen Welt gezeigt. Dort sah ich die Aura einer jungen Frau, die weiter vorne am Bahngleis stand. Ihre Aura sah sehr dünn aus und hatte Dellen und Risse, und die Frau selbst wirkte sehr müde. Als ein Zug an diesem Bahngleis nicht hielt, sondern durchfuhr, wirbelte er mit seinem starken Luftzug die Aura der jungen Frau komplett durcheinander, woraufhin die Frau zur nächsten Sitzgelegenheit ging und sich dort niederließ. Sie sah sichtlich geschwächt aus und spürte dies auch.

Manchen Menschen geht es auch bei starkem Wind nicht gut. Auch dieser ist in der Lage, eine schwache Aura durcheinanderzuwirbeln und noch anfälliger zu machen.

Des Weiteren war einmal eine Klientin zusammen mit ihrem kleinen Kind zu einer persönlichen Beratung bei mir. Dem Kind wurde es nach einer Weile langweilig, und so rannte es die ganze Zeit um den Stuhl der Mutter herum. Das störte mich nur wenig, aber ich konnte nach kurzer Zeit nicht mehr die Aura der Mutter lesen, weil diese durch das stetige Rennen um sie herum stark verwirbelt wurde. Erst nach einer kurzen Pause konnte ich die Beratung fortsetzen.

Es gibt jedoch eine ganz einfache Methode, um unsere Aura wieder ins Lot zu bringen, zu stärken und aufzubauen, welche ich schon seit vielen Jahren anwende. Anfangs habe ich dies immer in einer kurzen Meditation gemacht, mittlerweile mache ich es täglich einmal. Es funktioniert mit etwas Übung auch ganz nebenbei, wie zum Bespiel beim Kochen, beim Fernsehen oder beim Spazierengehen:

Nimm dir einen Augenblick Zeit, schließe deine Augen und komme durch ein paar tiefe Atemzüge zur Ruhe.

Bitte nun die Aura-Engel zu dir und bitte sie darum, deine Aura zu reinigen, zu stabilisieren und neu aufzubauen. Diese Bitte genügt schon, damit die Engel tätig werden. Manchmal merkt man nichts, aber es kommt vor, dass es überall am Körper pikst oder kribbelt. Vertraue, dass es geschieht und dass die Aura danach gereinigt und frisch ist. Ich finde es wichtig, dass man sich bei den Aura-Engeln für ihre Hilfe bedankt, auch sie mögen es, wenn man ihre Arbeit dankbar anerkennt.

Die falsche Familie

In zahlreichen Beratungen wurde ich immer wieder von Klienten darauf angesprochen, dass sie das Gefühl haben, nicht in der richtigen Familie zu leben, weil sie sich selbst als ganz anders empfanden als die anderen Familienmitglieder.

Dieses ist auch mir widerfahren, denn schon als kleines Mädchen fühlte ich mich in meiner Familie nicht dazugehörig. Sogar mein Onkel sagte des Öfteren – meist scherzhaft –, dass ich so anders wäre als die restliche Familie und bestimmt nach der Geburt verwechselt worden sei.

Wenn man sich in einer Familie als Außenseiter fühlt, kann dies mehrere Gründe haben:

Oft ist es so, dass sich eine Seele eine Familie nur aus dem Grund aussucht, um ihnen in ihrer Entwicklung zu helfen, zum Beispiel, um karmische Ketten zu sprengen. Vielleicht braucht die Seele selbst hierbei einen eigenen Entwicklungssprung oder möchte ihr eigenes Karma damit erlösen. Diese Seelen sind meist höher schwingend und bringen das nötige Wissen mit, um in der ausgesuchten Familie gute Hilfe zu leisten.

Auch bei Indigokindern ist es oft so, dass diese bereits übersinnlich geboren werden und somit den Familien, in welche sie inkarnieren, einen anderen Blickwinkel verschaffen, sie zu spirituellen Themen führen und helfen, aus festgefahrenen, destruktiven gesellschaftlichen Regeln auszubrechen.

Indigokinder

Indigokinder sind ganz besondere Kinder. Man erkennt sie meist an ihrem äußeren Erscheinungsbild: Sie erscheinen sehr zart, feingliedrig, ihre Gesichtszüge sind liebevoll, und die Augen blicken sanftmütig und haben eine gewisse Tiefe.

Aber sie fallen auch durch ihr Verhalten auf, sind oft hyperaktiv, beachten keine festgelegten Regeln oder sind ganz im Gegenteil sehr ruhig und zurückhaltend. Viele Eltern betrachten diese Kinder als Problemfälle, was ich sehr schade finde, denn diese Kinder sind hier auf der Erde, um uns zu helfen, alte destruktive Muster loszulassen. Sie erscheinen uns oft als Außenseiter, weil sie anders sind, ihnen fehlen im Gegensatz zu Nicht-Indigos viele der typischen menschlichen Verhaltensmuster. Diese sind bei Indigos nicht in deren Unterbewusstsein gespeichert.

Indigokinder helfen uns, notwendige positive Veränderungen zu durchlaufen, durch sie findet ein Umdenken statt – wenn wir ihnen die notwendige Aufmerksamkeit schenken und ihre Hilfe annehmen. Wir leben in einer Zeit, in welcher das mitgebrachte Wissen der Indigokinder wichtig ist, um selbst zu wachsen.

Ich freue mich immer wieder sehr, wenn ich verzweifelten Eltern helfen kann, ihr Kind als Indigokind zu erkennen und mit ihm gemeinsam positive Veränderungen zu schaffen.

Wenn du mehr über diese besonderen Kinder und ihre Fähigkeiten erfahren möchtet, kann ich Euch sehr Jan van Helsings Buch „*Die Kinder des neuen Jahrtausends*“ empfehlen, aber auch in meinem Buch „*Unsichtbar*“ findet man einige wahre Begebenheiten mit Indigokindern.

Zwillingsseelen

Dieses Thema liegt mir auch sehr am Herzen, weil in meinen Beratungen und Seminaren das Interesse an diesem Thema immer sehr groß war.

Eine Seele teilt sich im Jenseits vor der Inkarnation in zwei Hälften, sodass zwei Seelen entstehen – Zwillingsseelen. Diese zwei Seelen inkarnieren in unterschiedliche Leben. Das heißt, dass sie sich oft sogar in verschiedenen Ländern inkarnieren und sich deshalb niemals begegnen. Es kann auch sein, dass der eine Seelenteil ein sehr positives Leben führt und der andere Teil eher negative Erfahrungen macht. Auf diese Art macht die eine ganze Seele viele Erfahrungen gleichzeitig, um sich später im Jenseits wieder zu vereinen und voneinander zu profitieren. So lernt zum Beispiel ein Seelenteil viel Liebe, Geborgenheit und Sicherheit kennen, während sich der andere Seelenanteil in Abgrenzung, Abwehr von negativen Energien und Eigenschutz sowie Selbstliebe üben muss.

Zwillingsseelen bedeutet deshalb nicht etwa, dass die Seelen identisch sind. Zwillingsseelen können tatsächlich völlig unterschiedliche Menschen sein – in Aussehen, Charakter, Lebensstil und in ihrer Einstellung zum Leben selbst.

Wenn diese Seelen tatsächlich so unterschiedlich sind, heißt das auch, dass sie sich in ihrem aktuellen Leben niemals begegnen werden – und dass dies vor der Inkarnation auch so festgelegt wurde.

Andererseits gibt es auch sich sehr ähnelnde Zwillingsseelen, die sich zum Beispiel vorgenommen haben, beide als helfende Seelen zu inkarnieren, um zu zweit viel mehr Gutes bewirken zu können. Diese Seelen haben auch festgelegt, ob dies von Geburt an geschehen soll, oder ob sie sich erst später im Leben treffen. Und hier kann es tatsächlich vorkommen, dass diese Zwillingsseelen ein Paar werden.

Es kommt ebenfalls durchaus vor, dass Zwillingsseelen nur ein Stück ihres Weges gemeinsam gehen oder sich nur einmal im Leben für einen kurzen magischen Moment begegnen, wie im Falle meiner Klientin, die mir von solch einem magischen Erlebnis erzählte:

Sie machte damals Urlaub in der Türkei und schlenderte nichtsahnend in der nächstgelegenen Stadt über den Markt. Sie schaute sich die Stände mit den unterschiedlichsten Waren an, die dort angeboten wurden. Meine Klientin war ganz vertieft in diese Eindrücke und merkte nicht, dass ihr ein Mann entgegenkam, in dessen Arme sie geradewegs hineinlief. In diesem Moment, so erzählte sie, funkte es gewaltig zwischen ihnen. Sie sagte, es wäre wie bei einem Feuerzeug gewesen, welches nicht angeht, aber dennoch Funken sprüht. Es war nur ein kurzer Moment, aber sie fühlte sich wie mit dem Fremden vereint, und auch ihm schien es so zu gehen, da er sie lange und sehr intensiv anschaute.

Da es so heftig zwischen ihnen gefunkt hatte, könnte man meinen, dass es für beide Liebe auf den ersten Blick war, aber meine Klientin erzählte, dass sie in diesem Moment das ganz sichere Gefühl hatte, dass sie ihrer Zwillingsseele begegnet war. Sie sagte, es war, als wären beide für einen kurzen Moment wieder vereint gewesen, sie fühlte sich mit ihm völlig identisch.

Beide entschuldigten sich für den Zusammenprall und trennten sich, und sie hat ihn danach nie wieder gesehen. Für sie war es jedoch nicht schlimm, sie sagte, dieser eine kurze Moment gab ihr für ihr weiteres Leben ganz viel Leichtigkeit, weil sie nun mit der Gewissheit lebte, dass es ihrer Zwillingsseele gut ging.

Anders hingegen stellt sich eine wirkliche Seelenverwandtschaft dar. Dies sind wirklich miteinander verwandte Seelen, die sich hier auf Erden verabredet haben, sich zu begegnen, um sich gegenseitig zu unterstützen. Sie haben ähnliche Interessen, über die sie sich begegnen oder denen sie gemeinsam nachgehen.

Seelenverwandte erkennen sich sehr schnell, sind schnell miteinander vertraut und fühlen sich bei dem anderen geborgen. So gibt es viele Pärchen, die tatsächlich seelenverwandt sind, sich sehr gut verstehen und bestens miteinander harmonieren.

Ohne Zwilling geboren

Im Gegensatz zu Zwillingsseelen kann es vorkommen, dass tatsächlich zwei oder mehr Seelen in eine Schwangerschaft inkarnieren. Dies sind dann tatsächlich zwei oft gleich aussehende Menschen mit ähnlichem Charakter und einer starken Verbundenheit oder auch verschieden aussehende, unterschiedliche Menschen, wenn sie zweieiig sind.

Nun kommt es aber gar nicht so selten vor, dass während einer Mehrlingsschwangerschaft ein Embryo stirbt. Dies geschieht oft unbemerkt und ist meist auch medizinisch unbedenklich.

Die Kinder aber, die dann ohne Zwilling geboren werden, merken, dass sie etwas bedrückt. Ihnen fehlt etwas oder jemand, was sie deutlich merken, aber nicht einordnen können, denn kaum einer denkt daran, dass es sich um einen ungeborenen Zwilling handeln könnte, der schmerzlich vermisst wird.

Die überlebenden Zwillinge fühlen sich allein gelassen, einsam und tragen eine ständige Sehnsucht in sich. Auch ihr Verhalten wird davon bestimmt, denn es kommt sehr oft vor, dass sie das Gefühl haben, alles doppelt kaufen zu müssen. Doppelt zu essen zum Beispiel und doppelte Kleidung, was manche auch tatsächlich tun. Außerdem überkommt sie oft eine große Traurigkeit, weil sie innerlich etwas vermissen, was sie nicht benennen können. Dazu bekommen viele **unbewusst** Schuldgefühle, weil sie diejenigen sind, die überlebt haben, denn ganz oft ist es so, dass der schwächere Zwilling freiwillig stirbt, damit der andere überleben kann.

Es kann jedoch auch sein, dass der andere Zwilling nicht sterben wollte und deshalb erdgebunden bleibt. Darunter leiden beide Seelen – die verstorbene und die lebende. In diesem Fall hilft es, die geistige Welt zu bitten, den verstorbenen Zwilling sanft in das Jenseits zu führen und sich dort liebevoll um die Seele zu kümmern.

Partnerschaftsauflösung

Ein weiteres großes Thema, welches in meinen Beratungen vorkommt, ist die Frage nach einem Partner, denn viele Singles sehnen sich nach etlichen Jahren des Alleinlebens nach jemandem an ihrer Seite.

Sehr viele haben schon wirklich viel versucht, um Blockaden im Bereich Partnerschaft aufzulösen, wie Familienstellen, Rückführungen, Psychotherapie, energetische Auflösungen, Verzeihen-Programme und vieles mehr. Dennoch finden manche Menschen auch nach vielen Jahren keinen für sie geeigneten Partner.

Bei den allermeisten, denen ich bisher in dieser Frage helfen konnte, sah ich ein energetisches Band, welches ihren Solarplexus mit dem ihres ehemaligen Partners verband.

Lernen sie nun jemanden kennen, spürt der- oder diejenige, dass dieses Band noch Bestand hat. Unbewusst nehmen sie es so wahr, als ob weiterhin eine enge Partnerschaft besteht, wodurch dieser Mensch oftmals direkt das Interesse verliert oder man Menschen anzieht, die nicht an einer dauerhaften Beziehung interessiert sind und denken, dass es auf eine kurze Affäre hinausläuft, weil der andere noch gebunden ist.

Dieses Band kann man jedoch mit Hilfe von Erzengel Michael lösen lassen:

Man geht in eine kurze Meditation und bittet ihn, dieses Band zu durchtrennen. Dann bittet man ihn, dass er dieses Band bei einem selbst und dem Ex-Partner herauszieht und dort entsorgt, wo niemand zu Schaden kommt. Anschließend bedankt man sich und vertraut, dass es geschehen ist.

Um jedoch dem anderen nicht ungefragt und vielleicht ungewollt das Band herausziehen zu lassen, bittet man vorab darum, dass nur Gottes Wille für alle Beteiligten geschehen soll.

Wichtig zu wissen ist, dass dieses Band oft meterlang im Solarplexus verankert ist und es eine Weile dauern kann, bis es vollständig entfernt ist. Lässt man das Band nur abschneiden und nicht vollständig herausziehen, kann es sein, dass sich die Verbindung recht schnell wieder aufbaut.

Seelenaustausch

Nach dem heutigen Wissensstand, welcher sich mit meinen Erfahrungen deckt, besteht eine Seele aus verschiedenen Teilen, wie ein Puzzle.

Je nach Lebenslage, Situationen oder nach gemachten Erfahrungen werden Seelenanteile von unseren geistigen Helfern ausgetauscht. Oftmals verlieren wir in schlimmen Situationen Seelenanteile, besonders dann, wenn ein Schock vorliegt. Dies geschieht erst einmal, um die ganze Seele vor diesem schlimmen Erlebnis und seinen Folgen weitestgehend zu schützen.

Doch schon bald fühlt man sich nicht vollständig, man spürt, dass ein Teil von einem selbst zu fehlen scheint und ist unausgeglichen.

Wenn du auch dieses Gefühl hast, kannst du während einer Meditation darum bitten, dass deine verlorenen Seelenanteile gereinigt oder erneuert zurückkommen. Bitte darum, dass das geschieht, was deinem allerhöchsten Wohle dient. Geschehen wird das, was Gott oder die Urquelle für richtig und wichtig für dich hält.

Das Tierreich

Ein hellsichtiges Medium, wie ich eines bin, wird von Klienten oft nach Verstorbenen und dem Jenseits gefragt. Doch nicht nur die verstorbenen Menschen sind ihnen wichtig, viele fragen mich auch, wohin denn ihre geliebten verstorbenen Haustiere gehen und ob es ihnen im Jenseits gut geht.

Tiere sind unsere Wegbegleiter, Helfer und auch Tröster. Manchmal, wenn unser Weg sehr beschwerlich ist, kommen sie in unser Leben, um uns etwas von unserer Last abzunehmen. Außerdem können sie Lehrer für uns sein, denn eine Katze zum Beispiel überträgt auf ihre „Dosenöffner" Gelassenheit und Ruhe und macht generell, was sie will und wann sie es will – und wird dennoch sehr geliebt. Ein „Nein" kümmert sie nur wenig … und im Gegensatz zu einem Hund zeigt sie uns negative Plätze im Haus. Dort, wo eine Katze schläft oder sich ausruht, ist meist ein geopathisches Störfeld, auf das sich ein Hund niemals legen würde. Hunde suchen positive Plätze, nur dort können sie sich erholen. Eine Katze dagegen profitiert von negativen Energien – sie laden sich an solchen Plätzen energetisch auf, genauso wie zum Beispiel Bienen oder Ameisen. Auch sie suchen sich für ihre Nester die für den Menschen schädlichen geopathischen Plätze.

Des Weiteren sind Haustiere – vor allem Hunde und Katzen – sehr hellsichtig. Man sollte also gut darauf achten, ob sie ihren Blick ängstlich auf scheinbar nicht vorhandene Dinge richten oder mit etwas Unsichtbaren zu spielen scheinen, bestimmte Menschen oder gar Zimmer meiden. Dies können wichtige Hinweise auf negative Energien in den Wohnräumen, Besetzungen oder andere Wesen sein.

Nun möchte ich aber die viel gestellte Frage beantworten, wohin unsere Tiere gehen, wenn sie sterben. Im Gegensatz zu menschlichen Seelen sind Tierseelen nicht erdgebunden und können direkt ins Jenseits gehen. Sollten sie dennoch eine Weile bei uns bleiben oder uns manchmal besuchen kommen, geschieht dies freiwillig.

Dort, wo sich im Jenseits die Tierseelen befinden, ist es unglaublich schön und friedlich, und es geht sehr harmonisch zu. Es ist ein so wundervoller Ort, der mit dem Zusammenleben der Tiere auf der Erde nichts gemein hat. Alle Tiere leben in Frieden miteinander, ob Hund und Katze, Raubtier und Hase oder Maus – dort jagt und frisst man sich nicht. Im Gegenteil, die Tiere kümmern sich umeinander und leben in einer großen Gemeinschaft. Engelwesen und andere Wesen aus der geistigen Welt kümmern sich ganz liebevoll um sie, vor allem um die Tiere, denen auf der Erde schweres Leid angetan wurde – diese werden im Jenseits ganz besonders umsorgt. Damit du diese geistige Ebene noch besser verstehst, möchte ich dir von meiner geführten Meditation erzählen, für die ich unendlich dankbar bin, denn ein ganz besonderes geistiges Wesen nahm mich mit in diese wunderbare jenseitige Tierwelt.

An einem sonnigen Tag spürte ich, dass meine geistigen Ausbilder die nächste Lektion für mich bereit hielten, weshalb ich mir einen Platz in meinem Wohnzimmer aussuchte, an dem die Sonne durch das Fenster schien. Eingehüllt in den warmen Sonnenschein, setzte ich mir meine Kopfhörer auf, hörte meine Lieblings-Meditationsmusik und stimmte mich auf das ein, was nun kommen sollte.

Nach einer Weile erschien mir ein wunderschönes lichtvolles Wesen mit rosafarbenen Streifen auf seinem ansonsten hellen Gewand. Es stellte sich mir als Wanda vor und sagte, dass es mich nun begleiten würde zu einer der schönsten Ebenen im Jenseits. Wanda reichte mir ihre Hand, und wir schritten zusammen durch einen rosafarbenen Vorhang und dahinter über eine rosafarbene, strahlende Lichtbrücke zu einer Wendeltreppe aus Gold. Diese gingen wir langsam hinauf, und je höher wir kamen, desto leichter fühlte ich mich. Mein Herz füllte sich mit Liebe, mein Körper fühlte sich unsagbar leicht an und meine Gedanken waren völlig frei von Lasten.

Als wir oben angekommen waren, standen wir auf einer saftigen grünen Wiese, sodass ich sofort das Bedürfnis verspürte, meine Schuhe auszuziehen, um dort barfuß zu laufen, so konnte ich diese frische, herrliche Energie mit nackten Füßen besser spüren. Wanda sah mir lachend zu, wie ich, über das ganze Gesicht strahlend, über diese Wiese lief.

„Wir müssen jetzt los, wir werden erwartet.“, unterbrach sie dieses Treiben nach einer Weile. Als wir weitergingen, entdeckte ich viele Blumen und Tiere, die eine wundervolle Energie ausstrahlten. An einem Bauernhof blieben wir stehen, damit ich über mein geistiges Auge hineinschauen konnte. In diesem Gebäude, so erklärte mir Wanda, lebten Tierseelen, die betreut werden müssen.

„Was ist mit den Tieren geschehen?“, fragte ich Wanda. Sie antwortete: *„Sie sind durch einen Unfall ums Leben gekommen. Diese Seelen benötigen viel Ruhe und Betreuung durch einen Engel.“*

Nun rannte ein Hund auf mich zu, und ich ging in die Knie, um ihn zu begrüßen, worauf er seinen Kopf an mich drückte und ich ihn murmeln hören konnte. Was er murmelte, verstand ich nicht, aber er war so stürmisch, dass ich nach hinten auf meinen Po fiel und er mich weiter beschnupperte. *„Das ist Jackie, sie mag dich.“*, sagte Wanda, und ich streichelte sie voller Liebe, wobei mich ihre Schnauzhaare im Gesicht kitzelten. Jackie schien sich so sehr über meine Anwesenheit zu freuen, dass sie anfing, herumzutollen wie ein Welpe.

Ich erhob mich daraufhin und ging in einen Stall des Bauernhofes, um mich umzusehen: Jedes Tier hatte hier eine eigene, großzügige Box – eine Ruhestätte für jedes Tier. In einer der Boxen entdeckte ich ein junges Kalb und schaute Wanda fragend an. *„Dieses Kalb ist nach seiner Geburt gestorben, seine Mutter hat es nicht angenommen.“*, beantwortete sie mir meine stille Frage. *„Tiere merken, wenn ein Junges von ihnen nicht lebensfähig ist. Sie kümmern sich in diesem Fall erst gar nicht darum. Das klingt herzlos, ist aber in der Natur auf der Erde überlebenswichtig. Das Gespür der Tiere ist dahingehend unglaublich gut.“*

Das Kälbchen tat mir leid, ganz allein ohne Mutter, und so setzte ich mich daneben und streichelte es. Allerdings ließ mir Wanda kaum Zeit dazu, denn sie drängte zum Aufbruch.

Als wir losgingen, lief uns Jackie nach, doch Wanda wollte sie zurückschicken. Aber ich spürte viel Liebe zwischen mir und Jackie und bat sie, dass Jackie uns begleiten dürfe. Wanda schaute daraufhin in Richtung des Engels, der diese Tierseelen auf dem Bauernhof betreute. Noch bevor sie fragen konnte, stimmte der Engel zu meiner Freude zu. Ganz artig lief Jackie nun hinter uns her. Wir kamen schon recht bald an einer Koppel vorbei, auf welcher sich viele edle Pferde zusammen mit anderen Tieren befanden. Alle Tiere wirkten sehr entspannt und friedlich miteinander. Wanda erklärte: *„In diesem Bereich sind Tierseelen, die schon häufig auf der Erde waren, um den Menschen einen Lernprozess zu bescheren.“*

Zwischen den Pferden entdeckte ich nun auch Füchse und Tiger – ein merkwürdiger Anblick, denn diese Tiere spielten und tobten hier miteinander, was mich erstaunte und begeisterte. Auf der Erde würden sie einander töten ... *„Im Jenseits verstehen sich alle Tierseelen, egal welcher Art oder Gattung sie angehören.“*, informierte mich Wanda, noch bevor ich fragen konnte.

Zwischendurch schmiegte sich immer wieder Jackie an mich, als ob sie Zuneigung suchte. *„Sie ist auf der Erde sehr einsam gewesen, und ihre Besitzer haben sie nur gequält. Liebe und Zuneigung hat Jackie nie kennengelernt. Dies bekommt sie nun auf dieser Ebene – alles, was sie auf der Erde vermisst hat.“* So streichelte und drückte ich sie noch eine Weile ganz liebevoll. Dieser Hund hatte ein solch großes, liebevolles Herz, dass ich wieder einmal nicht verstehen konnte, wie Menschen einem Tier so etwas Schlimmes antun konnten. Wie grausam das ist! Ich schenkte ihr viel Liebe und Aufmerksamkeit, um ihre Entwicklung auf dieser Ebene zu unterstützen, was Wanda bemerkte und lächelte.

Auf unserem weiteren Weg kamen wir an einer Wiese vorbei, auf welcher die unterschiedlichsten Blumen in einer unglaublichen Farbenpracht blühten. Unzählige wunderschöne Schmetterlinge tanzten über diese prächtige Wiese. *„Schau mal dort drüben.“*, machte Wanda mich aufmerksam. Ich erschrak, denn ein riesiger Bienenschwarm flog auf uns zu, und ich rief: *„Hilfe, Wanda, was machen wir denn jetzt?“* Wanda lachte und erklärte mir, ich könne ruhig bleiben, diese Bienen würden uns nichts tun – nicht auf dieser jenseitigen Ebene. Jackie hatte wegen meines Schrecks zu bellen angefangen, sodass Wanda sie, immer noch lachend, beruhigte. Und tatsächlich – die Bienen flogen friedlich um uns herum und sie kamen mir dabei ganz sanft vor.

Als wir weiterliefen, durchflutete diese sagenhafte leichte und frische Natur meinen Körper, und ich genoss diese Energie, die sich so wundervoll anfühlte und mit nichts auf der Erde vergleichbar war. Das Gras hatte ein sattes Grün, und alle Blumen blühten in den schönsten Farben und dufteten wohltuend.

„Wie schön es die Tiere hier haben.“, sagte ich ergriffen. *„Ja, die Tiere haben hier auf der achten jenseitigen Ebene ein wundervolles Reich.“*, stimmte Wanda mir zu. Wir begegneten außerdem vielen Katzen und Hunden, und alle wirkten so unbeschwert frei von Belastungen, was mich sehr freute.

„Wanda, meine Haut fühlt sich plötzlich so an, als ob wir in der Nähe eines Meeres wären?“, fragte ich. Wanda antwortete: *„Das spürst du richtig, wir sind gleich am Meer.“*

„Ach Wanda“, seufzte ich, *„es ist so unbeschreiblich schön hier, am liebsten würde ich bleiben.“*. Wanda sagte, das könne sie gut verstehen, und meinte, dass es auf der Erde nur wenige Plätze gebe, an denen die Natur noch Natur sei. Menschen würden sie zerstören, weil sie ihre Bedürfnisse befriedigen wollten. Deshalb würden sie zum Bespiel riesige Waldgebiete roden für Möbel aus Holz. Allein dafür gäbe es genügend Alternativen, aber die Menschen wollten das nicht einsehen.

Wanda blieb nun an einem Wäldchen stehen und sagte: *„Hör bitte mal ganz genau hin! Was nimmst du wahr? Konzentriere dich und lausche in den Wald hinein.“* Ich nahm eine traumhafte Ruhe wahr und das Zwitschern der Vögel. Sonst hörte ich nichts, aber der Vogelgesang klang wie ein Lied. Ich bekam Tränen in die Augen und eine Gänsehaut am ganzen Körper, so ergriffen war ich. In diesem Moment flog eine winzig kleine und ganz zarte Elfe auf mich zu und landete auf meiner ausgestreckten Hand. Sie fühlte sich ganz zart und weich an, und ich kam mir vor wie in einem Märchen. Noch während die Elfe auf meiner Hand saß, schwebte ein in Pastellfarben leuchtender Lichtschlauch auf mich zu und umkreiste mich mehrmals, bis er sich neben mir in einen ungefähr einen Meter großen Kobold mit spitzen und langgezogenen Schuhen verwandelte. Der trug eine knielange Hose, ein kurzes Jäckchen, und auf dem Kopf thronte eine Art Zipfelmütze. Sein Gesicht war ganz runzelig und sah alt aus, wobei er eine enorme Energie ausstrahlte.

„*Wie ist dein Name?*", fragte ich ihn. „*Ich bin Tilian, ein Waldgeist, und hüte den Wald.*", antwortete er direkt und nahm mich an der Hand. Er führte mich ein Stückchen in den Wald hinein, deutete mit seinem Finger nach oben und sagte, ich solle nach oben schauen. Dort saß ein bunter Vogel auf einem Ast, sein Gefieder leuchtete wie buntes Licht. „*Der Vogel ist ein Beobachter*", sagte der Kobold, „*und sobald in dem Wald etwas nicht in Ordnung ist, teilt er mir das mit.*" Ich fragte ganz erstaunt: „*Aber was soll denn hier an diesem schönen Ort nicht in Ordnung sein?*" Der Wald wirkte auf mich nämlich immer noch friedlich und harmonisch.

Tilian fing zu lachen an und erklärte mir: „*Nein, es ist nicht das, was du unter ‚nicht in Ordnung' auf der Erde verstehst. Hier gibt es keinen Streit oder Stress oder andere negative Vorfälle. Dennoch kann es vorkommen, dass eine Pflanze oder ein Baum Hilfe benötigen. Wir Waldgeister sorgen dafür, dass es der Waldflora an nichts fehlt. Und der Beobachter – der Vogel – informiert uns augenblicklich, wenn wir irgendwo gebraucht werden. Auch auf der Erde existieren Kobolde, Elfen, Feen und andere Naturwesen, die die Natur unterstützen und ihr helfen.*"

„*Komm, wir müssen weiter!*", rief Wanda mir zu. Immer noch völlig beeindruckt bedankte ich mich bei Tilian für seine Ausführungen, verabschiedete mich von ihm und machte mich wieder mit Wanda und Jackie, die weiterhin ganz brav und treu an meiner Seite lief, auf den Weg.

Kurze Zeit später wurde der Duft von Meer intensiver, und ich konnte sogar das Rauschen der Wellen hören. Erfüllt von einer unbeschreiblichen Liebe zur Natur, erreichte ich mit Wanda und Jackie den Strand. Wir setzten uns in den weichen, warmen Sand und blickten eine Weile wortlos auf das Meer, bis ich merkte, dass Wanda sehr nachdenklich war.

„Wanda, was ist mit dir? Bist du traurig?", erkundigte ich mich. *„Ja, das bin ich, wenn ich daran denke, wie die Menschen miteinander und mit der Natur umgehen. Die meisten Menschen leben ihr Leben, ohne auch nur einmal wirklich ihre Augen zu öffnen, um den wahren Wert der Erde zu erkennen. Sie leben doch in einer Welt, die Spaß und Freude bereiten soll."*

Ich konnte nur zustimmen. Viele Menschen leben ihren Alltagstrott und werden innerlich von ihrer Eifersucht und ihrem Neid zerstört, weil sie sich immerzu mit anderen vergleichen. Es ist einfach traurig, wie viel Missgunst hierdurch untereinander herrscht. Viele Menschen sind einfach nicht bereit, aus ihren Fehlern zu lernen.

So hingen wir noch eine Weile unseren Gedanken nach und schauten auf dieses wundervolle, friedliche Meer hinaus, bis Wanda sagte, es sei nun Zeit zur Rückkehr. Auf unserem Rückweg fielen mir noch die vielen bunten Engel auf, die über uns schwebten.

Am Ende des Weges musste ich mich von Jackie verabschieden, was mir unsagbar schwer fiel, und mir wurde mein Herz ganz schwer, weil ich diesen wunderbaren Ort nun wieder verlassen musste. So gingen wir wieder die Wendeltreppe hinab, und über die rosafarbene Brücke schritt ich in mein Leben, in das Hier und Jetzt, zurück. Erst als wir wieder zurück in meiner Wohnung waren, verabschiedete sich Wanda von mir mit den Worten: *„Du kannst mich jederzeit rufen, um diese Ebene erneut zu besuchen."*

Nachdem sie verschwunden war, ließ ich meinen Tränen freien Lauf, denn dieses Erlebnis war absolut überwältigend für mich, weshalb ich auch noch einige Zeit liegen blieb, um alles zu verarbeiten. Nun aber wusste ich ganz sicher und ohne Zweifel, dass wir unsere Haustiere nach deren Ableben wirklich loslassen können. Sie kommen in ein wundervolles Jenseits, an einen Ort, an dem sie sich wohl fühlen und glücklich sind. Viele Engel sind dort, um sie zu empfangen und sie zu begleiten und zu pflegen.

Die Natur energetisch unterstützen

Nach diesem wundervollen Erlebnis war es mir mehr denn je ein Bedürfnis, der Natur zu helfen. Ich gehe deshalb immer mit offenen Augen durch die Natur und schaue, wie ich sie positiv unterstützen kann. Neben all der Schönheit, die sie bietet, gibt es leider auch viel zu viele Gebiete, die regelrecht energielos wirken, was man auch sehen kann, wenn man kein Medium ist. Dies sind zum Beispiel Waldgebiete, in denen die Bäume absterben oder Gebiete in der Natur, in denen man kaum Tiere sieht, kein Vogelgezwitscher zu hören ist und alles irgendwie fade und leblos wirkt. Man fühlt sich dort nicht wohl und bekommt vielleicht sogar eine Gänsehaut, weil die Energien sehr niedrig sind.

Erscheint mir die Energie, zum Beispiel in einem Wald, negativ, so setze ich die violette Flamme ein (siehe Seite 180), um ihn erst einmal von allem Negativen zu reinigen.

Manchmal lasse ich dann – ganz nach meiner Intuition – goldenes Wasser regnen, damit alles mit hochschwingender Energie genährt wird, oder ich lasse goldenes Licht in den Wald fließen, was einen ähnlichen Effekt hat. Manchmal setze ich auch weißes Licht oder Goldpuder ein, um den Wald wieder hell und freundlich erscheinen zu lassen. Man kann auch die grüne Energie einfließen lassen, wenn man das Gefühl hat, hier bedarf es energetischer Heilung. Dieses Licht oder Goldpuder sollte bis in das Erdreich fließen und alles umgeben, damit es gut wirken kann.

Man sollte hier wirklich seinem Gefühl vertrauen und nicht zögern, der Natur zu helfen. Man kann nichts falsch machen, man kann die Lage mit Energiearbeit nur verbessern. Schlimmer ist es, wenn man diese negativen Energien wahrnimmt und gar nichts unternimmt.

Es reicht auch vollkommen, wenn man sich vorstellt, dass die violette Flamme durch das Gebiet lodert oder Licht, welcher Farbe auch immer, einfach stark fließt. Das Visualisieren bewirkt hier wirklich sehr viel, und die Natur, die Tiere und die Naturwesen werden es dir danken.

Und wer weiß, vielleicht begegnet dir eines Tages sogar vor deinem sehenden oder geistigen Auge eine Elfe, ein Kobold, ein Waldgeist oder andere Naturwesen.

Wenn ich einen Bachlauf sehe oder einen Fluss, der Hilfe benötigt, streue ich geistig goldenes Pulver in das fließende Wasser und bitte darum, dass sich dieses aufgeladene Wasser nun in dem Gebiet verteilt und Heilung bringt.

Man kann sich auch einen Baum aussuchen, ihn mit den Händen berühren und sich so mit ihm verbinden, um zu spüren, was man ihm Gutes tun kann. Ich bin sicher, jeder bekommt auf diese Art einen Impuls, einen Gedanken oder eine Idee eingegeben. Aber erschrick nicht, wenn der Baum tatsächlich antwortet, so wie es mir einmal geschehen ist. Ich fragte einmal einen Baum, wie ich ihm helfen kann, und er antwortete mir tatsächlich ganz klar und deutlich: *„Schick mir bitte mehr von deinem Licht, das tut mir gut."* Und natürlich ließ ich über meine Hände viel Licht in ihn fließen.

Von meiner langjährigen Arbeit mit und in der Natur weiß ich aber auch, dass es für Bäume meist schon eine Wohltat ist, wenn man ihnen Aufmerksamkeit schenkt.

Auch wenn wir sie nicht immer sehen können, beobachten uns die Wesen der Natur doch ganz genau. Es dauert lange, bis sie genügend Vertrauen zu uns aufgebaut haben, um sich eventuell zu zeigen. Das dauerte auch bei mir eine lange Zeit, denn obwohl ich hellsichtig bin, sah ich diese wunderbaren Wesen auch erst, nachdem ich lange und ernsthaft mit der Natur gearbeitet hatte.

Die Wahrnehmung als Medium

Viele Menschen, die ich bisher beraten habe, sagten zu mir: „*Ach, könnte ich nur so hellsehen wie du, Martina.*“

Doch meine Gabe ist zugleich Fluch und Segen, wie auch mein Mann direkt erkannt hatte, als wir uns kennenlernten. Man kann sich ja nicht aussuchen, was man sieht. Natürlich es ein Geschenk und wunderschön, wenn man Naturwesen sehen kann und Engel. Dazu gehört jedoch, dass man es in Kauf nehmen muss, auch das Negative zu sehen. Das gehört untrennbar dazu.

Meist – so wie bei mir – fängt Hellsichtigkeit mit dem Sehen von negativen Wesen an, auch von Verstorbenen, was man anfangs nicht einordnen kann, nicht versteht und was einem wirklich sehr viel Angst machen kann – und seinem Umfeld. Nicht selten landen hellsichtige Menschen in der Psychiatrie, weil ihnen keiner glaubt, was sie tatsächlich sehen.

Nun ist es aber so, dass sich die Welt, wie wir sie kennen, stark verändert hat und noch weiter verändern wird. Die negativen Folgen mussten wir vor allem während der Corona-Jahre erleben und durchleben. Doch es verändert sich auch vieles zum Guten, viele Menschen erwachen spirituell, finden zurück zu Gott, interessieren sich für die geistigen Gesetze und beginnen, sie zu achten und zu leben. Da diese Veränderungen auch immer mit einer Schwingungserhöhung einhergehen, werden mehr und mehr Menschen feinfühlig – und somit zum Teil auch hellsichtig, hellhörig und hellfühlig.

Sollte das bei dir der Fall sein, so sorge dich nicht. Dies ist ein ganz normaler Entwicklungsprozess, allerdings können hierbei auch körperliche Symptome auftreten, wie im Kapitel „Die zwölf Stufen“ näher beschrieben.

Klienten, die anfangen, sich medial zu entwickeln, rate ich immer, sich nicht zu sehr auf das Negative einzulassen, denn die dunkle Seite wird hierbei aktiv und kann Einfluss auf dich nehmen. Schaffe lieber deine eigenen Gesetze, die die dunkle Seite beachten muss. Schreibe sie zum Beispiel auf einen Zettel, lege ihn offen hin und bitte die Engel darum, dass diese Gesetze von der dunklen Seite beachtet und befolgt werden sollen.

Diese können zum Beispiel wie folgt lauten:

- Engelwesen dürfen sich mir nur von meiner rechten Seite nähern, damit ich sie erkennen kann. Alles, was sich von der linken Seite nähert, bedeutet für mich, dass es aus dem Negativen kommt – auch, wenn es mir etwas mitzuteilen hat. Aber das ist mein Gesetz, um die Energien unterscheiden zu können, welches ich so festgelegt habe und das die geistige Welt beachtet.
- Wenn dir die linke Seite angenehmer und positiv erscheint, dann lege es umgekehrt fest. Wichtig ist, dass du es klar formulierst, damit die geistigen Helfer es beachten können.
- Genauso habe ich festgelegt, von welcher Seite ich Botschaften von lichten Geistwesen höre – in meinem Fall von rechts.
- Wenn du eine Antwort von deinem Engel erbittest, kannst du dir vor deinem geistigen Auge zwei Tafeln vorstellen. Die rechte zum Beispiel steht für ein JA und die linke für ein NEIN. Stelle eine Frage und schaue mit dem dritten Auge, auf welcher Tafel dir die Antwort erscheint.
- Du kannst dir auch deinen Engel vorstellen und ihn bitten, er möge bei einem Ja mit dem Kopf nicken und bei einem Nein den Kopf schütteln, das funktioniert auch immer sehr gut, und mit ein wenig Übung und Vertrauen bekommt man so ganz schnell Antworten.

Mit dem Wissen um eine dunkle geistige Welt keimt oft Angst auf und macht sich breit. Dies ist absolut nicht nötig und öffnet die Tür zur dunklen Seite nur noch mehr. Besser ist, man bleibt gelassen und respektiert und achtet die negative Seite, denn sie ist ja auch Teil von uns und unseren Lernprozessen.

Über die geistigen Gesetze im Allgemeinen gibt es zahlreiche Bücher. Eines davon, welches ich empfehlen kann, ist das Buch von Johannes Greber „*Der Verkehr mit der Geisterwelt, seine Gesetze und sein Zweck: Selbsterlebnisse eines katholischen Geistlichen*".

Auch wenn es nicht einfach zu lesen ist, hat es mich doch sehr viel weitergebracht, und ich wurde sicherer und standhafter, indem ich nach jedem Kapitel über dessen Inhalt meditiert habe.

Hilfreich ist auch, wenn man sich täglich einen Schutz aufbaut, sich mit einem Meersalzbad oder der violetten Flamme reinigt und sich erdet (siehe Seite 180).

Viele Klienten haben mich im Zusammenhang mit meiner Medialität auch darauf angesprochen, dass ich doch bestimmt ein leichtes Leben hätte, denn meine geistigen Helfer wären ja immer sichtbar an meiner Seite und könnten mich um jedes Hindernis und um jede Blockade herumführen. Doch leider muss ich hier immer klarstellen, dass ein Medium, das wie ich durch eine Schulung der geistigen Welt gegangen ist, durchaus nicht immer ein leichtes Leben hat – im Gegenteil, ich hatte es sehr oft sehr schwer. Ein wirklich gut ausgebildetes Medium hat einen schweren Weg hier auf Erden, denn es muss schwierige Lebenssituationen meistern und schlimme Krankheiten bewältigen. Sie durchleben schlimme Schicksalsschläge und bekommen vom Leben oft (erst einmal) nichts geschenkt.

Ich persönlich kenne kein wirklich gutes Medium, keine guten Kartenleger, keine erfolgreichen Energiearbeiter oder ähnlich arbeitende Medien, deren Leben ein Spaziergang war oder ist. Wenn das nun auch etwas abschreckend klingen mag, denn wir können es uns nicht immer aussuchen, ob man nun Medium ist oder nicht, mache ich meine Arbeit sehr gern und freue mich über jeder gelöste Situation, über alles, was ich neu erlernen darf und über die geistigen Bereiche, in welche mir die geistige Welt immer wieder aufs Neue Einblick gewährt.

Ich hatte in meiner schlimmsten Lebenskrise, in der ich jedoch für meine energetische Arbeit das Meiste gelernt habe, meinem Engel aus Spaß die Frage gestellt, wann ich denn endlich einfach mal glücklich sein dürfe. Er antwortete mir klar und deutlich: „*Wenn du tot bist!*"

Das allerdings fand ich nicht sehr spaßig, kann es mir aber nach meinen Einblicken in das Jenseits sehr gut vorstellen. ☺

Auch kann man sich als Medium – so schön es auch wäre – oft nicht selbst helfen und braucht, ebenso wie alle anderen Menschen, Hilfe von außen. Das gilt sogar für die eigene Familie oder nahestehende Menschen – oft ist gerade dann ein Vorhang oder so etwas wie ein Schleier dazwischen, durch welchen man nichts sehen oder erkennen kann. Dazu braucht es einen Dritten, der sich die Themen neutral anschauen kann.

Und so stecke auch ich immer mal wieder in Situationen oder Blockaden fest, für deren Lösung ich ebenfalls Hilfe bei Dritten suche.

Engel, Schutzengel

und

Medialität

In den nächsten Kapiteln findest du zahlreiche Informationen und Meditationen, die mir alle direkt aus der geistigen Welt übermittelt wurden, um daraus für die Menschen ein Engel-Seminar zu gestalten. Dieses Seminar wurde über die Jahrzehnte zahlreich bei mir besucht, und es gab viele „Aha-Momente" sowie zahlreiche Öffnungen des dritten Auges. Es gab das eine oder andere Mal Tränen der Freude oder auch der Erlösung, aber es wurde auch viel gelacht – Engel lieben es, wenn wir lachen und viel Freude haben.

Des Weiteren konnten viele Missverständnisse im Umgang mit Engeln und der lichten geistigen Welt geklärt werden, um viel besser Hilfestellungen von ihnen zu erkennen und sich allgemein der liebevollen Fürsorge der Engel zu öffnen.

In der Corona-Zeit durfte ich leider keine Seminare halten. Deshalb freute ich mich, als mir mein Engel sagte, dass ich zwar auch weiterhin keine Seminare mehr anbieten solle, um mich ganz meinen neuen Aufgaben widmen zu können, aber die wichtigen Informationen bitte mit in dieses Buch aufnehmen solle, was ich hiermit sehr gern mache.

Unser Schutzengel

Die in Beratungsgesprächen meistgestellte Frage zum Thema Schutzengel lautet: „*Was kann ich tun, damit ich meinen Schutzengel sehen und hören kann?*“

Wie ich bereits geschrieben habe, kann man sich, wenn man hellsichtig ist, leider nicht aussuchen, nur den Schutzengel zu sehen oder nur die Engelwesen – es beinhaltet immer das Sehen von allem, auch von dunklen Gestalten oder Energien – was tatsächlich sehr unangenehm sein kann. Man kann aber trotzdem, auch wenn man den Schutzengel nicht sehen kann, mit ihm kommunizieren und ihn vor allem bitten, wenn Hilfe benötigt wird. Die Engel warten regelrecht auf unsere Bitten und Aufträge, damit sie handeln können, denn sie würden niemals ungefragt in unsere Lernprozesse eingreifen.

Man kann auch ein persönliches Erkennungszeichen mit seinem Schutzengel vereinbaren, zum Beispiel ein Kitzeln an der Nase, an einer bestimmten Stelle am Rücken oder anderes. Manche Klienten, die auf diese stille Art mit ihrem Schutzengel kommunizieren, bemerken ein warmes Gefühl an einer bestimmten Körperseite oder am Rücken, welches ein sicheres Zeichen für den Kontakt mit ihrem Schutzengel ist.

Und auf die Feststellung, dass ich ja jederzeit meinen Schutzengel alles Mögliche fragen könne, weil ich ihn sehe und höre, muss ich sagen, dass es stimmt, dass ich mich oft mit ihm unterhalte. Wenn ich jedoch eine persönliche Frage stelle, bei welcher es um Entscheidungen für mich persönlich geht, bekomme auch ich keine Antwort. Engel dürfen uns keine Entscheidungen abnehmen, sie können uns lediglich unterstützen, eine zu treffen.

Eine weitere Frage, die mir gern gestellt wird, ist diese: „*Wie sieht denn mein Schutzengel aus und wie lautet sein Name?*“

Ich kann sehr gut verstehen, dass meine Klienten dies sehr gern wissen möchten. Wenn ich diese Frage beantworte, nehmen die Engel immer eine Gestalt an, die ich gut beschreiben kann, aber eigentlich sind sie formlose, hochschwingende Energien – nur der Mensch möchte gern für sein bildliches Verstehen eine Form. Dies erleichtert ihm die Kommunikation mit der geistigen Welt.

Und auch, wenn man Engeln hier auf Erden Namen gegeben hat, so sind es doch Formgebungen, die in der geistigen Welt so nicht existieren. Dort gibt es weder eine Form oder feste Gestalt für die Engelwesen, noch bestimmte Namen, dort ist alles Schwingung, außerdem sind Engel geschlechtslos, weil sie eben eigentlich reine Energie sind. Wir haben diesen – auch farblich – verschiedenen Schwingungen Form und Namen gegeben, welche die Engel uns zuliebe auch gern annehmen, damit wir es bei unserer Kommunikation mit ihnen und ihrer Anrufung leichter haben.

Hierbei sind die Namen der Erzengel wie Michael, Raphael oder Uriel natürlich geläufig, aber es gibt noch so viele andere Engel, deren – oft komplizierte – Namen, die man ihnen gegeben hat, man sich kaum merken kann. Möchte man nun Hilfe bei einem bestimmten Thema oder in einer bestimmten Angelegenheit, bittet man einfach den Engel, der dafür zuständig ist, um Unterstützung. Das funktioniert immer und lässt der geistigen Welt den nötigen Spielraum, die Engel zu senden, die für uns und das aktuelle Thema optimal sind. Legen wir uns jedoch auf einen Engel fest, weil wir gehört oder gelesen haben, dass er für ein bestimmtes Themengebiet zuständig ist, entgeht uns eventuell die optimale Unterstützung.

Auch bei Kleinigkeiten können wir die Engel immer um Hilfe bitten – und sei es als Unterstützung beim Kochen oder Backen –, damit alles gut gelingt. So können sie uns bei der Parkplatzfindung behilflich sein, aber auch, wenn wir zum Beispiel etwas verloren haben. Dann können wir sie bitten, uns zu helfen, den Gegenstand wiederzufinden.

Wichtig ist nur, dass wir nicht vergessen, uns von Herzen für ihre Hilfe zu bedanken. Darüber freuen sie sich sehr.

Was auch in vielen Beratungsgesprächen immer wieder Thema war, war der Glaube daran, dass man in einem Leben nur einen einzigen Schutzengel hat, der uns von der Geburt bis zum Lebensende durch viele Leben begleitet. Ich konnte mich jedoch während meiner langjährigen Tätigkeit als Medium mehrfach überzeugen, dass der Schutzengel sehr wohl wechseln kann – je nach Lebenssituation. Mal braucht es einen Engel, der uns bei unserer Transformation behilflich ist, dann wieder einen, der mehr unserer Weiterentwicklung bei einem bestimmten Thema dient oder auch unser Lehrmeister ist.

Detaillierte Informationen zu diesem Thema und wahre Begebenheiten mit Engeln finden Sie in meinem Buch *„Schutzengel & Co."*. Hier habe ich ausführlicher zum Thema Schutzengel geschrieben, und dem Buch ist eine CD mit einer geführten Meditation für einen Schutzengel-Kontakt beigefügt.

Die sieben Erzengel

Erzengel Zadkiel (violetter Lichtstrahl): Er hebt festhängende, negative Schwingungen auf, wandelt negative Energien um und löst erdgebundene Seelen von dieser Erde. Er neutralisiert Wut, Ärger, Angst, Neid und Missgunst. Genauso kann man ihn um Hilfe bitten beim Entstören von Wasseradern, Erdverschiebungen und Erdstrahlen.

Erzengel Michael (blauer Lichtstrahl): Er trennt mit seinem Schwert alles Böse vom Guten. Seine Aufgabe ist es, uns und alles in unserer Umgebung vom Negativen zu befreien. Er steht für Kraft, Vertrauen, Geborgenheit und Ausdauer.
Ich wende mich immer dann an ihn, wenn eine Besetzung oder energetische Anhaftung zu lösen ist.

Erzengel Gabriel (weißer Lichtstrahl): Gabriel hebt veraltete, tief verwurzelte Denkmuster auf und löst alte Gewohnheiten. Seine Energie bringt Ordnung, Disziplin und Gnade. Er hebt uns auf eine höhere Schwingungsebene. So kann ich ihn oft bei Menschen wahrnehmen, die ihre Ausbildung als Heiler abgeschlossen haben und nun ihrer Berufung nachgehen.

Erzengel Uriel (rubinroter Lichtstrahl): Er ist der Engel, der uns Weisheit, Gelassenheit, Ruhe, Frieden, Freude, Freiheit und Liebe bringt.
Erzengel Uriel ist ein starker Kraftengel, der immer dann um Hilfe gebeten werden kann, wenn man viel Kraft benötigt oder sich in Stresssituationen befindet.

Erzengel Jophiel (goldgelber Lichtstrahl): Erzengel Jophiel führt uns zurück zur Weisheitsquelle. Er befreit uns von negativen Gedanken und Gefühlen und hilft uns bei der spirituellen Ausbildung.
Er bringt viel Harmonie in unser Leben und sorgt für ein gutes Gleichgewicht. Man kann zum Beispiel mit Hilfe seiner Energie vorausliegen-

de Termine wie Arztbesuche, Behördengänge, aber auch Feste wie Familienfeiern einhüllen, damit sie harmonisch und friedvoll verlaufen.
Man kann zum Beispiel Erzengel Jophiel bitten, das Behandlungszimmer in sein goldenes Licht zu hüllen – allerdings immer mit dem Zusatz, dass es zum höchsten Wohle aller geschehen möge.

Erzengel Chamuel (rosaroter Lichtstrahl): Chamuels Energie ist reine Liebe und steht sowohl für die Selbstliebe als auch für die bedingungslose Liebe.

Erzengel Raphael (grüner Lichtstrahl): Er bringt uns auf energetisch-geistiger Ebene Heilung, Gesundheit, Glück und Reichtum. Außerdem ist er der Erzengel, der Menschen zu Heilern ausbildet. Dies konnte ich schon sehr oft sehen.
Durch die Bitte um seine heilende Energie können sich energetische Heilungsprozesse stark verkürzen.

Ein Erzengel-Schutzfeld

Mit Hilfe der sieben Erzengel kann man wie folgt für 72 Stunden ein Schutzfeld aufbauen, dann muss es erneuert werden:

1. Ich rufe **Erzengel Zadkiel:** Bitte entferne und löse alles Negative in mir und um mich herum, alles, was nicht zu meinem Lebensplan gehört. Bitte neutralisiere alles, was mich hindert und blockiert, meinen eigenen Weg zu gehen. Hier und jetzt auf allen Ebenen.

2. Ich rufe **Erzengel Michael:** Bitte trenne mich dauerhaft von allem Negativen, was nicht mehr zu mir gehört. Umhülle mich mit deiner blauen Energie und gib mir Kraft, Vertrauen, Zuversicht und Schutz. Hier und jetzt auf allen Ebenen.

3. Ich rufe **Erzengel Gabriel:** Bitte erlöse mich von allen veralteten, destruktiven Denkmustern und Gewohnheiten. Umhülle mich mit deinem weißen Licht und schenke mir Gnade und Klarheit. Hier und jetzt auf allen Ebenen.

4. Ich rufe **Erzengel Uriel:** Bitte berühre mich mit deinem rubinroten Licht, um mir Gelassenheit, Frieden und Freiheit zu bringen. Hier und jetzt auf allen Ebenen.

5. Ich rufe **Erzengel Jophiel:** Ich bitte dich, führe mich mit deinem goldenen Licht und deiner Energie zur Quelle der Weisheit. Hier und jetzt auf allen Ebenen.

6. Ich rufe **Erzengel Raphael:** Ich bitte dich, durchflute mich mit deinem grünen Licht, um mir Heilung und Gesundheit zu schenken. Hier und jetzt auf allen Ebenen.

7. Ich rufe **Erzengel Chamuel:** Ich bitte dich, mich mit deinem rosaroten Licht tief in meinem Herzen zu berühren und mich mit deiner bedingungslosen Liebe zu erfüllen. Hier und jetzt auf allen Ebenen.

Ich danke allen sieben Erzengeln und bitte euch, ein Schutzfeld um mich herum aufzubauen mit der allerhöchsten göttlichen Liebe. Hier und jetzt auf allen Ebenen.

Wie erkenne ich einen Engel?

Dass Engel nur uns zuliebe eine bestimmte Form annehmen, habe ich bereits geschrieben. Doch die Gestalt, die sie für uns annehmen, weist tatsächlich Besonderheiten auf, die sie von niederen Wesen, welche sich auch gern einmal als Engel ausgeben, unterscheiden. So erscheinen Engel in ganz leichten, lichtvoll leuchtenden, farbigen Gewändern, welche sie sanft umwehen, und ihr Gesichtsausdruck ist immer sehr friedvoll und warmherzig. Dazu kommt, dass man im Kontakt mit ihnen eine sehr wohltuende, wärmende Energie spürt, wenn ein Engel sich nähert oder man mit ihm Kontakt aufnimmt. Weiterhin haben Engel sowie Elfen und andere Lichtwesen ganz zarte, strahlende Hände und Füße und schweben über dem Boden.

Negative Wesen, die uns weismachen wollen, sie seien Engel, stehen fest auf dem Boden und tragen meist dicke und schwere Gewänder, die wie Tischtücher oder schwere Vorhänge aussehen. Sie haben meist verzerrte Gesichter und rauhe, harte Stimmen sowie keine Füße.

Die Engel haben mir schon des Öfteren mitgeteilt, dass sie nicht böse sind, wenn man sie genau betrachtet und auf die Probe stellt, um zu überprüfen, ob es sich wirklich um Engel handelt. Über so viel Verantwortungsgefühl sind Engel sogar wirklich erfreut und begrüßen es, weshalb sie mir einmal eine Art Anleitung gegeben haben, wie man sie am besten auf die „Engel-Probe“ stellt:

1. Verbinde dich mit dem Engel und stelle dir vor, wie er vor dir steht.
2. Nun bitte ihn, das Vater-Unser zu beten. Ein wahrer Engel wird dieses Gebet auf jeden Fall mit Freude beten können.
3. Bitte ihn, dreimal hintereinander zu sagen: *„Ich bin ein Gesandter Gottes.“*
4. Stell dir einen zwei Meter hohen und fünf Meter breiten, lichterloh brennenden Schlauch vor, durch welchen der Engel gehen soll. Tut er dies und kommt am anderen Ende wieder unversehrt hinaus, ist es tatsächlich ein Engel.

Die fünf Sinne – Hellfühlen, Hellsehen, Hellhören, Hellriechen und Hellschmecken

Das **Hellfühlen** ist am meisten verbreitet, es ist das sogenannte Bauchgefühl, auch Intuition genannt. Für viele Menschen ist dies ein ganz normales Empfinden, und sie entscheiden einfach „aus dem Bauch heraus", ohne sich darüber viele Gedanken zu machen oder zu wissen, dass dies eine mediale Gabe ist. Aber das Hören und das Vertrauen auf das eigene Bauchgefühl ist Hellfühlen.
Bauchgefühl sagt man deshalb, weil dieser Sinn in unserem Solarplexus verankert ist.

Hellsehen ist oft nur einen kleinen Schritt vom Hellfühlen entfernt. Man braucht hierzu eine gute Vorstellungskraft, um innere Bilder sehen zu können. Viele denken, dass hellsichtige Menschen alles als 3D-Bilder im Außen sehen. Das ist auch oft der Fall, deshalb kann es auch unangenehm sein, wenn man zum Beispiel Verstorbene oder negative Wesen ganz real sehen kann. Meist aber entstehen innere Bilder vor dem geistigen Auge. Und es geschieht sehr schnell. Dem allerersten Gedanken zu einem Thema, dem ersten Bild, das man vor seinem geistigen Auge sieht, sollte man als Antwort aus der geistigen Welt beziehungsweise als Antwort seiner eigenen Intuition vertrauen. Fange ich an zu zweifeln, dass diese Bilder nicht stimmen oder ich ja gar nicht in der Lage bin, solche Bilder zu empfangen, können sich schnell Trugbilder einschleichen, die den ersten Bildern unweigerlich folgen, wenn man nicht im Vertrauen bleibt und diese Eingebungen anzweifelt.

So habe ich es auch immer in meinen Engel-Seminaren gelehrt:

Das Erste, was ich sehe,
das Erste, was ich fühle,
das Erste, was ich höre,
ist Fakt,

und ich persönlich zweifele niemals an der Richtigkeit meiner Eingebungen.

Hellsehen heißt nicht, dass man sich etwas vorstellt oder man wie in einen Fernseher schaut und alles präsentiert bekommt. Es ist auch niemals gleich – mal sieht man deutliche Bilder vor seinem geistigen Auge, mal auch verschwommen oder nur schemenhaft. Und manchmal sehe ich eben auch in 3D. Vor allem ist dies bei geistigen Wesen, aber auch bei verstorbenen Seelen der Fall. Je erdgebundener diese Seelen noch sind, umso deutlicher sehe ich sie – eben wie einen real lebenden Menschen, der vor mir steht.

Schwingt eine Seele schon sehr hoch und bekomme ich die Informationen aus der jenseitigen Welt, nehme ich sie eher schemenhaft wahr. Hoch entwickelte Seelen sind reine Energie ohne Körper. Je niedriger eine Seele schwingt – was nicht negativ gemeint ist, sondern nur auf den Entwicklungsstand hinweist –, umso besser und deutlicher kann man sie sehen und umgekehrt: Je höher eine Seele schwingt, umso körperloser erscheint sie. Deshalb ist es auch nicht so einfach, hochschwingende geistige Wesen wie Engel oder Naturwesen zu sehen. Hierfür muss man selbst höher schwingen und eine positive Grundeinstellung haben.

Auch das **Hellhören** spielt sich meist in Gedanken ab, man hört die Stimme gewissermaßen im Kopf. Stimmen im Kopf oder in Gedanken sind weniger zu manipulieren, weil man sie nicht von anderen Stimmen im Außen unterscheiden muss, sondern viel deutlicher erkennt. Es erfordert nur etwas Übung, das Hellhören von seinen eigenen Gedanken zu unterscheiden.

Stimmen im Außen zu hören, erforderte auch von mir ein jahrelanges Training. Eine lange Zeit konnte ich zum Beispiel Verstorbene zwar sehen, aber nicht hören. Ebenso musste ich lernen, die Stimmen der Engel aus Tausenden von anderen Stimmen herauszuhören und zu erkennen. Es kann auch vorkommen, dass man ganz real Schritte hört oder andere Geräusche, die von verstorbenen Seelen herrühren.

Hellriechen ist auch eher weit verbreitet, denn fast jeder hat schon einmal einen Geruch wahrgenommen, den andere nicht riechen konnten. Manche nehmen zum Beispiel in einem positiv schwingenden Haus gute Gerüche wahr und in einem Haus, in welchem sich noch erdgebundene Seelen aufhalten, übelriechende, wie zum Beispiel Zigarettenrauch, modrigen Geruch wie nach Schimmel oder einen Geruch nach altem, getrocknetem Urin. Aber auch das Wahrnehmen von aufdringlichem Parfüm wird oft beschrieben.

Das **Hellschmecken** kommt eher selten vor. Aber es gibt immer wieder Menschen, die darüber berichten. Mir selbst ist es einmal passiert, dass ich in einem mir bis dahin fremden Ort aus dem Auto stieg und plötzlich einen fürchterlich starken metallischen Geschmack im Mund hatte. Ich informierte mich über den Ort und erfuhr, dass dort Blei abgebaut wurde, was ich in Form dieses unangenehmen Geschmackes wahrnahm.

Nun gibt es einige Menschen, die von Geburt an einen oder mehrere dieser Sinne besitzen und mehr und mehr ausbilden, aber viele entwickeln diese Fähigkeiten erst später. Manche fangen – oft durch einen Schicksalsschlag – an, sich für spirituelle Themen zu interessieren, lesen entsprechende Bücher oder besuchen Seminare, wobei nach und nach ihre Sinne wieder erwachen oder sich schärfen, denn eines ist sicher: Jeder Mensch hat diese Fähigkeiten mit in dieses Leben gebracht, lediglich der eigene Lebensplan entscheidet darüber, ob und wann sie sich zeigen.

In diesem Zusammenhang werde ich oft von Klienten gefragt, wie man seine eigene Medialität fördern kann. Ich rate hier zur Meditation, denn das heißt in erster Linie, sich frei zu machen von Gedanken und alles für einen Moment loszulassen. In dieser Leere können sich Eingebungen erst wirklich zeigen. So wie man im Alltag, wenn man zum Beispiel kocht und mit den Gedanken ausschließlich beim Zubereiten der Speise ist, oft gute Eingebungen und Ideen bekommt. In dem Moment hat man das Thema, welches einen gerade am meisten bewegt, losgelassen, die Gedanken drehen sich nicht um unsere Sorgen, um das Organisieren des Alltags oder die Arbeit, und man hat somit den Kopf frei für Eingebungen.

Diesen Zustand erreicht man noch intensiver, wenn man meditiert – und dies ohne Absicht oder **Erwartungshaltung**, das ist ganz entscheidend, denn es kann durchaus etwas länger dauern, bis man wirklich gelernt hat, während einer Meditation ruhig zu werden und offen zu sein. Eine (meist ungeduldige) Erwartungshaltung hierbei bedeutet immer eine Blockade im freien Empfangen und Wahrnehmen von Botschaften.

Alle, die Interesse haben, ihre medialen Fähigkeiten ganz bewusst zu trainieren, können die folgenden beiden Übungen ausprobieren:

Nimm farbige Zettel oder Karten und mische die Farben gut durch. Stelle ein Buch oder etwas Ähnliches vor dich und lege die Karten so dahinter, dass du sie nicht sehen kannst. Ziehe jetzt einen Zettel oder eine Farbkarte und versuche, nur mit deinem dritten Auge herauszufinden, welche Farbe hinter dem Buch zu sehen ist. Konzentriere dich auf deinen ersten Impuls, die erste Eingebung, die du bekommst. Lege dich auf eine Farbe fest und schaue erst dann, welche Farbe du gezogen hast.

Diese Übung fördert die eigenen medialen Fähigkeiten und stärkt das Selbstvertrauen. Aber nicht wundern, wenn es nicht immer zu einhundert Prozent funktioniert. ☺ Einfach fleißig weiterüben…

Was ebenfalls sehr gut die Sinne schärft, ist eine Übung, bei welcher du Hilfe von einem weiteren Menschen benötigst: Suche dir ein Zimmer aus, in welchem du dir alles genau anschaust und einprägst. Gehe dann in ein anderes Zimmer und lasse einen Gegenstand aus dem Zimmer entfernen. Bleibe in dem anderen Zimmer und versuche mit Hilfe deines dritten Auges herauszufinden, welcher Gegenstand entfernt wurde.

Bei dieser Übung habe ich oft meine Kinder gebeten, einen Gegenstand zu entfernen. Sie fanden es immer lustig und spielten gern mit.

Bei allen Möglichkeiten sollte man eine offene Grundhaltung haben und aufmerksam sein, aber auch ruhig und gelassen die Übungen durchführen. Wenn man ausgeglichen und in der inneren Mitte ist, kann man klarere Botschaften empfangen.

Ich selbst beachte außerdem die Mondphasen, denn an Vollmond und Neumond ist es deutlich schwieriger, in einen guten Kontakt mit der lichten geistigen Welt zu kommen.

Schutzeinweihung für den Solarplexus und die linksdrehende Spirale

Wenn man anfängt, die eigene Medialität zu trainieren, sollte man sich bewusst sein, dass man dann auch offen für negative Einflüsse ist, vor welchen man sich gut schützen sollte. Eine sehr gute Möglichkeit hierfür ist die folgende Einweihung zum Schutz unseres Solarplexus, welcher unsere größte Aufnahmestation von Informationen – allerdings nicht nur von negativen – darstellt und dauerhaft geschützt werden sollte. *(Dieser Meditation kann direkt die Meditation zur Öffnung des dritten Auges folgen, so wurde es mir von der geistigen Welt für mein Engelseminar durchgegeben.)*

Müdigkeit, Unwohlsein bis hin zu massiver Übelkeit können zum Beispiel ein Hinweis auf das Eindringen von unliebsamen Informationen sein, welche wir allein schon beim Einkaufen aufnehmen können oder im Kontakt mit anderen Menschen, die uns diese gewissermaßen überstülpen, um selbst Erleichterung zu erfahren. Oder wir begegnen „Energieräubern", die tatsächlich in der Lage sind, unsere Energien abzusaugen. Hinterher, zum Beispiel nach einem Gespräch, fühlen sie sich frischer und energiegeladener, wir dagegen sacken in uns zusammen und fühlen uns müde und energetisch ausgesaugt. Oft sind es Menschen, die einem in Gesprächen mit Blicken fixieren, denen wir kaum ausweichen können, oder die sehr laut reden, sich im Redefluss kaum unterbrechen lassen – oder auch umgekehrt, d.h. denen man buchstäblich alles „aus der Nase ziehen" muss.

Um dies zu vermeiden, sollte man den Solarplexus gut schützen, was mit der folgenden Meditation zur Einweihung für dessen Schutz gelingt:

Nachdem du dich wie beschrieben in eine Meditation begeben hast und in einer guten Ruhe bist, bitte den Engel der Lotosblüte zu dir. Wenn du ihn wahrnimmst, bitte ihn, deinen Solarplexus zu reinigen. Alles, was in diesem Moment nicht zu dir gehört, wird jetzt gelöst und gereinigt.

Wenn du das Gefühl hast, dass dies alles geschehen ist, bitte ihn darum, eine hochschwingende, energetische Lotosblüte in deinem Solarplexus zu installieren, die aussieht wie ein ganz feines Gitter. Dieses Gitter der Lotosblüte schützt dich von nun an dauerhaft vor negativen Energien, indem sie deinen Solarplexus davor verschließt, ihn aber für positive Energien geöffnet lässt. Bedanke dich abschließend bei dem Engel und komme zurück in das Hier und Jetzt.

Solltest du dennoch ab und zu das Gefühl haben, dass die Lotosblüte verunreinigt ist, was passieren kann, wenn etwas Negatives in diesem feinen Gitternetz hängenbleibt, bitte den Engel der Lotosblüte um eine intensive energetische Reinigung. Hierfür benötigst du keine Meditation, eine Bitte an ihn reicht vollkommen aus.

Eine weitere, sehr effektive Übung dient ebenfalls dem Schutz vor negativen Energien, vor allem dem Schutz der Aura.

Hierzu stellt man sich gedanklich auf eine goldene Platte und baut hierauf um sich herum eine linksdrehende Spirale auf. Ich selbst ziehe diese Spirale von unten nach oben über mich hinweg. Dabei spreche ich den Ritual-Satz: *„Alles, was nicht zu mir gehört, geht in die geistige Welt nach oben."*

Die Spirale sollte im Durchmesser größer sein als unsere Aura, etwa 3 Meter, je nach Körperumfang, und auch in der Länge etwas über unseren Kopf hinausreichen. Linksdrehend sollte sie deshalb sein, um negative Energien oder Einflüsse direkt abzuwehren, sie werden bildlich direkt weggeschleudert und können uns somit nicht zu nahe kommen. Eine rechtsdrehende Spirale würde dagegen alles in uns hineinziehen.

Auch wenn diese Übung schnell und leicht geht, ist sie sehr wirksam, denn es sind fast immer die einfachen Dinge, die für uns eine wunderbare Hilfe darstellen.

Wenn man beide Meditationen oder Übungen absolviert hat, werden ab diesem Zeitpunkt negative Energien durch die Lotosblüte oder die linksdrehende Spirale gefiltert, und alles, was unbrauchbar ist für unseren Lebensplan und nicht zu uns passt, wird dem Kosmos zurückgegeben.

Die Öffnung des dritten Auges

Die folgende Meditation zur Öffnung des Wahrnehmungskanals biete ich die an, um dein drittes Auge zu öffnen – mit der Bitte, vorher immer laut oder in Gedanken zu sprechen: *„Wenn Gott es will und ich bereit dazu bin, dann soll es geschehen."*

Und bitte glaube mir, es kann sein, dass man schon nach nur einer Meditation eine andere, medialere Wahrnehmung bekommt, aber es kann auch sein, dass es mehrere Anläufe und viel Übung benötigt, seine Sinne zu schärfen.

Der erste, kurze Teil der Meditation dient dem Loslassen und dem Freiwerden von allen belastenden Gedanken und Sorgen. Dieser erste Teil kann unabhängig vom darauffolgenden Teil als eigenständige Übung praktiziert werden, um innerlich zur Ruhe zu kommen.

Höre eine sanfte Musik, komme innerlich zur Ruhe, atme ruhig ein und aus. Stelle dir vor, wie über dir weiße Wolken an einem klaren, blauen Himmel vorüberziehen.
Schaue ihnen eine Weile zu und gebe dann alle deine Sorgen und Gedanken an diese Wolken ab. Du kannst sie auch vor deinem geistigen Auge in Päckchen packen und auf die Wolken legen.
Schau zu, wie sanft und ruhig sie mit den Wolken davonziehen … und spüre, wie du dabei immer ruhiger und gelassener wirst.

Wenn du das Gefühl hast, du hast alles abgegeben und bist in deiner Mitte, visualisiere eine Treppe vor dir aus golden-weißen Stufen.
Ein Engel steigt nun diese Treppe herunter. Seine Energie und sein liebevolles Erscheinen lassen dich frei werden von Gedanken und Sorgen des Alltags.

Du spürst mehr und mehr die sanfte und leichte Energie des Engels in deinem Herzen. Deine Energie und die des Engels werden eins …
Nun kommt er dir ganz nahe, legt seine rechte Hand auf deine Stirn und seine linke Hand auf deinen Nacken, auf den siebten Halswirbel.

Die Energie, die er dir gibt, strömt nun durch dich hindurch.
Du genießt diese Energie eine Weile und wirst dir bewusst, dass die Verbindung zwischen dir und den Händen des Engels dein Kanal zum Hellsehen und Hellhören ist.
Du fühlst Dich sehr wohl und lässt diese Energie so lange durch dich strömen, bis nichts mehr fließt.
Als Dankeschön für den Engel kannst du ein kurzes Gebet sprechen und dich in Demut direkt bei ihm bedanken. Nun geht der Engel wieder zu der Treppe und steigt die Stufen hinauf, dreht sich noch einmal kurz zu dir um und verschwindet genauso wie die Treppe.

Bleibe noch eine Weile in dieser ruhigen Energie, bevor du wieder zurück in das Hier und Jetzt kommst, deine Füße auf dem Boden spürst und die Augen öffnest…

Wenn der Zeitpunkt für dich gekommen ist, wird nun dein drittes Auge geöffnet sein. Ist dies nicht der Fall, kannst du diese Meditation jederzeit wiederholen.

Die zwölf Stufen

Um uns spirituell und energetisch weiterentwickeln zu können, durchlaufen wir während unseres Lebens verschiedene Stufen, welche ich gleich näher erklären werde.

Zu den einzelnen Stufen gehören diverse Krankheitsbilder, die man in verschiedenen Stärken durchlebt. Manche Menschen merken nichts davon, sie haben keine Symptome und gehen dennoch einen lichtvollen Entwicklungsweg. Andere Menschen aber – und das sind die meisten – durchleben viele Krankheiten und Symptome. Die Krankheiten dienen uns zur spirituellen Entwicklung, zum Innehalten oder um andere Wege einzuschlagen, die man als gesunder Mensch nicht gegangen wäre.

Die folgenden verschiedenen Entwicklungsstufen durchleben wir nicht chronologisch, sondern können einzelne überspringen, mehrere gleichzeitig bearbeiten oder auch zurückfallen.

Stufe 1: Muskelprobleme, Gelenkschmerzen, Nadelstiche an verschiedenen Körperstellen, Übelkeit bis zum Erbrechen, Kopfschmerzen, Hautprobleme, Brennen an verschiedenen Körperteilen, Fieber, Stress, Verdauungsstörungen, Gewichtsveränderungen

Stufe 2: Seh- und Hörstörungen, Hörsturz, Tinnitus, Taubheitsgefühle in verschiedenen Körperregionen, starke Müdigkeit, grippeartige Beschwerden

Stufe 3: verändertes Hörempfinden, Störungen der Geschmacksnerven, Augenlichtempfindlichkeit, Probleme mit der Mundschleimhaut und Zunge, sexuelle Probleme

Stufe 4: Migräne, Seh- und Hörstörungen, Veränderungen der Nervenverbindungen, Aktivierung von Hirnfunktionen

Stufe 5: Ängste, Albträume, intensives Träumen, Entwicklung von Telepathie – Auf dieser Stufe kann es passieren, dann man die Gedanken von anderen wahrnimmt, was nicht immer angenehm oder gar lustig ist. Für mich war es eine sehr anstrengende Lernphase.

Stufe 6: Verstärkte Wahrnehmung der Gefühle und der eigenen Spiritualität, Gefühle beziehungsweise Blockaden im Sinne von Scham und Schuld sollten aufgelöst werden. Die Symptome von den Stufen 1-3 können hier wieder verstärkt auftauchen.

Stufe 7: Wutausbrüche, Probleme mit der Atmung, Minderwertigkeitsgefühle, spirituelle Überheblichkeit

Stufe 8: Schlafstörungen, Gleichgewichtsstörungen, Gefühl von Hilfslosigkeit, Konzentrationsschwierigkeiten

Stufe 9: Unruhe, Rücken- und Hüftschmerzen, Gewichtsveränderungen, Machtrangeleien sind ebenso keine Seltenheit.

Stufe 10: Entwicklung von Hellsichtigkeit und Bewusstseinserweiterung

Stufe 11: nochmalige Weiterentwicklung der Medialität und des Bewusstseins

Stufe 12: die Vollendung[(2)]

Vollendung
Erweiterungsentwicklung der Hellsichtigkeit, fortgeschrittene Bewusstseinserweiterung
Entwicklung der Hellsichtigkeit, Bewusstseinsveränderung
Schlafstörungen, Gleichgewichtsstörungen, Hilflosigkeit, Konzentrationsschwäche
Wutausbrüche, reduzierter Alterungsprozess, spirituelle Überheblichkeit, Minderwertigkeitsgefühle
Erhöhte Spiritualität, Symptome von Stufen 1-2-3, Scham und Schuld müssen aufgelöst werden
Ängste, Schlafstörungen, Albträume, Telepathie kann auftreten, Träume werden intensiver
verändertes Körperempfinden, Augenlicht-Empfindlichkeit, sexuelle Lust nimmt zu, feinere Sinne, Krankheiten im Mund
Seh- und Hörprobleme, Taubheitsgefühle am Körper, stärkere Müdigkeit, grippeartige Merkmale, Tinnitus,
Muskelprobleme, Gelenkschmerzen, Nadelstiche am Körper, Übelkeit, Erbrechen, Müdigkeit, Kopfschmerzen,
alle Hautprobleme, Fieber, unter Stress stehen, Verdauungsstörungen, Gewichtsveränderungen

Ratschläge bei erwachender Medialität

Sollten sich bei dir Fähigkeiten in Richtung Medialität entwickeln, zeigen oder gar schon vorhanden sein, habe ich nachfolgend ein paar Ratschläge für dich, die mir selbst sehr helfen: Hier geht es vor allem darum, mit der dunklen Seite umzugehen und auch mit dem Kontakt mit verstorbenen Seelen. Angst sollte man hiervor keine haben, aber ich weiß aus meinen Anfängen, dass man das ein oder andere Mal ordentlich erschrecken kann oder auch denkt, dass man vielleicht nicht normal ist und sich das alles nur einbildet.

Wichtig ist jedoch, dass man seinen inneren und äußeren Bildern zu vertrauen lernt und der geistigen Welt immer respektvoll begegnet – auch der dunklen Seite, denn auch sie erfüllt ihren Sinn, uns weiterzubringen in unseren Lernprozessen.

Wenn man nun eine verstorbene Seele wahrnimmt und sie ins Licht führen möchte, sollte man das niemals selbst veranlassen, sondern man muss immer die Engel oder die lichte geistige Welt darum bitten, dass die Seele nun abgeholt und ins Jenseits geführt wird, um sich dort weiterentwickeln zu dürfen. Wichtig ist, dass man immer darum bittet, dass es so geschehen soll, wie es Gottes Wille ist.

Erdgebundenheit bedeutet oft, dass die Seele noch nicht bereit ist, ins Licht zu gehen. Die meisten erdgebundenen Seelen, die ich bisher gesehen habe, hielten noch zu sehr an der materiellen Ebene fest, an ihrem Hab und Gut, und konnten und wollten es noch nicht loslassen. Es kommt aber auch vor, dass Seelen nach einem plötzlichen Tod, wie zum Beispiel einem Unfall, nicht wissen, dass sie gestorben sind und sie verwirrt „umhergeistern“. Und nicht selten passiert es, dass die Hinterbliebenen durch ihre starke Trauer und das Nicht-Loslassen-Wollen oder -Können die Verstorbenen festhalten.

Außerdem gibt es Seelen, die nicht einsehen wollen, was sie im Leben falsch gemacht haben und deshalb noch eine Weile auf dieser Erde bleiben müssen, um zur Einsicht zu gelangen.

Am schwersten haben es Selbstmörder, deren Selbstmord nicht in ihrem Lebensplan stand. Diese Seelen bleiben so lange erdgebunden, bis ihre biologische Uhr auf Erden abgelaufen wäre. Anders verhält es sich, wenn ein Selbstmord oder ein Unfall im Lebensplan steht, in diesen Fällen können die Seelen direkt ins Licht gehen.

Welchen Entwicklungsstand die Verstorbenen letztendlich haben, weiß nur die lichte geistige Welt. Deshalb dürfen nicht wir selbst entscheiden, ob eine Seele ins Jenseits gehen darf, aber wir dürfen darum bitten und Hilfestellungen geben – was dann geschieht, liegt in Gottes Hand.

Solltent dir die Verstorbenen sehr erdgebunden erscheinen, ist es besser, nicht direkt mit ihnen zu kommunizieren, sondern einen Engel als Vermittler dazwischenzuschalten. Andernfalls kann es passieren, dass Erdgebundene zu viel Energie von dir abziehen.

Erkennen kann man erdgebundene Seelen, wenn von ihnen eine unangenehme Kälte ausgeht, oft läuft einem ein Schauer über den Rücken, oder man fängt an zu frieren und bekommt eine unangenehme Gänsehaut. Teilweise riechen diese Seelen auch sehr schlecht, oft sogar nach ihren Ausscheidungen, die nach Eintritt des Todes austreten.

Auch die Farben der Kleidung geben mir immer Hinweise, in welchem Entwicklungsstand die erdgebundenen Seelen gerade stecken.

- So steht die Farbe **Schwarz** für Seelen mit einem äußerst negativen Denken, besessen von Neid, Missgunst und einem starken, negativen Ego. Diese Seelen kennen keine Liebe.
- **Braun** ist ein Hinweis, dass die Seele dem Leben gegenüber oft negativ eingestellt war, wenig Liebe in sich trug oder erleben durfte und sehr hart war im Umgang mit anderen Menschen.
- **Grau** steht für die Zwischenwelt, in welcher sich die Seele noch befindet – diese Seelen müssen noch einige Bewährungsproben bestehen, bevor sie ins Licht gehen dürfen.
- Hellere Farben weisen immer auf weiterentwickelte Seelen hin. So steht die Farbe **Rot** für mich für eine Seele, die als Mensch

sehr kraftvoll und ausdauernd war. Grün gekleidete Verstorbene haben in ihrem Leben anderen viel Heilung gebracht. Sie haben gut für andere gesorgt oder sogar tatsächlich andere geheilt.

- Seelen, die mir in **Blau** erscheinen, haben in ihrem Leben viele Reinigungsprozesse durchlaufen. Diese Prozesse waren nicht einfach, aber ein strahlendes Blau zeigt mir, dass sie ihre Aufgaben sehr gut erledigt haben.
- **Gelb** erscheinen mir Seelen, die in ihrem Leben viel Leichtigkeit hatten, andere zum Lachen bringen konnten und immer für frischen Wind gesorgt haben.
- In **Weiß** erscheinen mir Seelen, die schon sehr hoch schwingen und weit sind in ihrer Entwicklung. Sie sind sehr liebevoll, haben eine reine Seele und haben anderen oft hilfreich gedient.
- **Rosa** ist die höchste Schwingung, die eine Seele erreichen kann. Diese Seele hat in ihrem Leben bedingungslose Liebe erfahren und gelebt.

Hier möchte ich nochmals erwähnen, dass Seelen mit dunklen Farben sehr niedrig schwingen, sehr erdgebunden sind und deshalb auch in Kleidung und Schuhen erscheinen. Je lichter die Farben werden, umso feinstofflicher erscheinen mir die Seelen, sodass die Seelen, die auf einem rosa Strahl schwingen, kaum als menschliche Gestalt wahrnehmbar sind, sondern eher als eine wunderschöne Energieform erscheinen.

Aber egal, mit welchen Wesen du in Kontakt trittst – ob hoch schwingende Seelen, Engel oder eben auch niedrig schwingende Seelen – wichtig ist, dass du ihnen in Demut und respektvoll begegnest.

Botschaften von Federn

Viele Leser kennen oder besitzen sicherlich Engel- oder Meisterkartendecks, über welche man Antworten oder Hinweise aus der geistigen Welt bekommen kann. Auch ich als hellsichtiges Medium benutze solche Karten als Hilfsmittel, wenn ich einen Rat von meinen Engeln für mich selbst benötige und mein Schutzengel sich mit guten Ratschlägen zurückhält. ☺

Es gibt aber noch mehr Hilfsmittel oder Erkennungszeichen, mit deren Hilfe die geistige Welt mit uns kommuniziert. Viele meiner Klienten haben hier ihre ganz eigenen Zeichen, mit welchen sie Hinweise bekommen. Das können Autokennzeichen sein, Werbebotschaften oder auch ein Songtext. Zu diesem Thema habe ich in meinem Buch *„Unsichtbar“* etwas ausführlicher geschrieben.

Von einigen Klienten wurde ich gefragt, welche Bedeutung denn Federn haben, denn auch diese sind Grüße aus der geistigen Welt. Dazu habe ich eine fast unglaubliche Geschichte erlebt: Ich trank morgens meinen Kaffee draußen auf der Terrasse und schaute den Vögeln über mir zu, wie sie ihre Runden flogen – in der Hoffnung, etwas ruhiger zu werden, denn an diesem Tag stand mir eine Zahnoperation bevor. Plötzlich wehte der Wind stärker und es fielen unglaublich viele weiße Federn vor mir auf die Terrasse, und ich fragte mich im ersten Moment, ob sich die Vögel vielleicht gegenseitig attackiert hatten. Aber ich hatte sie ja die ganze Zeit beobachtet, und alles war still. Es war auch weit und breit keine Katze zu sehen, die sich einen Vogel geschnappt haben könnte.

Als ich darüber nachdachte, kam mein Mann um die Ecke und sagte, ich solle mal im hinteren Garten nachsehen, da wäre alles voller Federn. Es waren wirklich unglaublich viele Federn, aber ich hatte keine Zeit mehr, länger darüber nachzudenken, weil ich zum Zahnarzt musste. Ich nahm es einfach für mich als Hinweis, dass mich nun viele Engel während der Operation begleiten würden.

Am nächsten Tag gönnte ich mir zusammen mit meinem Mann eine Tasse Kaffee draußen in der warmen Herbstsonne. Und wieder „regnete“ es Federn auf uns herab. Es waren mehrere unterschiedlich große weiße, aber auch graue Federn, und auch solche von einer Taube. In diesem Moment war mir klar, dass der „Himmel“ eine Botschaft für mich hatte. Da ich, wie du ja bereits weißt, für mich selbst nicht immer direkte Antworten aus der geistigen Welt bekomme, rief ich eine befreundete Astrologin an und bat sie zu schauen, ob etwas Neues für mich ansteht, denn so ein Gefühl hatte ich. Sie sagte, dass laut Sternenkonstellation ein gigantischer Entwicklungsschub auf mich zukäme, und ich dachte: *„Hoffentlich nicht, ich sehe sowieso schon viel zu viel.“*

Direkt nach dem Gespräch ging ich in den Garten und sah, wie vor mir eine einzelne blaue Feder zu Boden schwebte.

Nun war ich so neugierig, dass ich mich mit Hilfe des Internets informierte, was genau die einzelnen Federn bedeuten. Und siehe da, die Botschaft der blauen Feder passte haargenau auf die Aussage der Astrologin. Und es kam tatsächlich so, dass ich bald darauf eine Vision hatte, ähnlich wie zu meiner Ausbildungszeit, welche mich auf eine neue Aufgabe vorbereitete.

Die Botschaften der Federn möchte ich dir natürlich nicht vorenthalten, sodass auch du die meiner blauen Feder nachlesen kannst:

- **Eine weiße Feder** ist ein Gruß deines Schutzengels, der dir damit sagen will, dass er ganz nah bei dir ist. Sie steht außerdem für Reinheit, Freiheit und Schutz.
- **Eine schwarze Feder** will dir sagen, dass du den nötigen Schutz der Engel während deines spirituellen Erwachens hast und du außerdem auf dem richtigen Weg bist.
- **Eine schwarz-weiße Feder** bedeutet, dass du gegenwärtig in einer schwierigen Situation bist, aber schon sehr bald eine bessere Zeit für Dich kommt. Es erfordert noch etwas Geduld und Vertrauen, aber das Leid wird sich in Glück wandeln.

- **Eine graue Feder** sagt dir, dass das Leben zwar gerade sehr hektisch und turbulent ist, du aber durchhalten sollst, denn es kommt etwas Besseres auf Dich zu – der Frieden naht.
- **Eine braune Feder** bringt dir Glück und Gelassenheit sowie die Botschaft, dass du dich um deine Gesundheit nicht sorgen sollst.
- **Eine braun-weiße Feder** ist ein Glückbringer, nun kommt das Glück zu dir.
- **Eine rot-grüne Pfauenfeder** symbolisiert Stolz, Unbestechlichkeit und Ruhm. In Indien wird dieser Vogel als Symbol für Herrschaft, Macht, Kraft, Reichtum, Liebe und Schönheit verehrt. Dieser Vogel kann Glück, aber auch Pech bringen. Er steht sowohl für das Positive als auch für das Negative.
- **Eine grüne Feder** bedeutet, dass das Glück auf deiner Seite steht in Bezug auf Gesundheit, Fruchtbarkeit und Reichtum.
- **Eine blaue Feder** bedeutet, dass sich deine psychischen Fähigkeiten nun entfalten, vor allem was das spirituelle Erwachen und Weiterentwicklung anbelangt.
- **Eine orange Feder** steht für Kreativität, schöpferische Kraft und Energie. Träume können nun wahr werden.
- **Eine rot-rosa Feder** steht für Liebe, Romantik und Verführung, aber auch für Schwangerschaft.[3]

Elohim-Amulette

Wie im vorherigen Kapitel beschrieben, stand die blaue Feder für eine Weiterentwicklung. Eine neue spirituelle Aufgabe sollte auf mich zukommen – und diese ließ auch nicht lange auf sich warten.

Denn kurz darauf sprachen mein Mann und ich über das Geschehen in der Welt, über Corona sowie die Pandemie-Maßnahmen, und wir mutmaßten, was noch alles auf uns zukommen könnte. Mein Mann sagte plötzlich: *„Es müsste etwas geben, was den Menschen Halt und Schutz gibt. Und wodurch sie die Kraft bekommen, das alles unbeschadet durchzustehen – so etwas wie ein Amulett."*

Ich bekam bei seinen Worten eine Gänsehaut, welche ich schon von früher kannte, und ich wusste in diesem Moment, dass genau das meine neue Aufgabe sein sollte.

Und so kreierte ich zusammen mit meinem Mann und mit meinen geistigen Helfern ein Amulett, welches aus einem wunderschön gezeichneten klaren Edelstein mit verschiedenen Hintergrundfarben besteht. Die Zeichnung des Steins übernahm Jacqueline Morris für mich, genauso wie die Zeichnungen für dieses Buch. Allein das Original-Gemälde des Edelsteines hat eine so enorme Energie, wie ich es mir nicht hätte vorstellen können.

Als die Amulette in vier verschiedenen Farben, die alle für ein bestimmtes Thema stehen (Blau = Schutz, Rosa = Selbstliebe, Grün = energetische Heilung und spirituelles Erwachen, Braun = Erdung), fertig waren, wurden sie durch die göttliche Energie während einer ganzen Nacht geweiht.

Um zu testen, welche Wirkung sie hervorrufen, habe ich eine kleine Auswahl an Bekannte und Freunde verteilt und war erstaunt, welche Rückmeldungen ich bekam. Einer berichtete, dass mit dem Tragen des blauen Amuletts das Mobbing gegen ihn am Arbeitsplatz schlagartig aufhörte. Andere wiederum fühlten sich beschützt und behütet, so als hätte Erzengel Michael seinen blauen Mantel wie einen Umhang um sie gelegt.

Eine ältere Dame berichtete, dass sie erst das grüne Amulett, welches für die Gesundheit steht, getragen habe und dann noch zusätzlich das blaufarbene umhängen wollte. In dem Moment aber, als sie beide angelegt hatte, fiel sie ganz kurz in Ohnmacht, sodass ihr Mann ihr aufhelfen und sie stützen musste. Die Energie von zwei Amuletten war zu stark für sie, deshalb kann ich nur raten, immer nur jeweils eines davon zu tragen.

Mein Mann und ich probierten das blaue Schutz-Amulett aus, als wir mittags zum Essen beim Inder waren. Neben uns war ein Tisch für sechs Personen reserviert, an welchem jedoch noch niemand saß. Etwas später kam ein Pärchen zu dem Tisch, bei dessen Frau ich eine Besetzung sehen konnte. Sie schaute uns etwas seltsam an und sagte zu ihrem Mann, dass sie lieber woanders sitzen wollte. Daraufhin suchten sie einen Tisch ganz am anderen Ende vom Restaurant, weit weg von uns.

Dort war allerdings kein Platz mehr frei, weshalb sie neben uns Platz nehmen musste und mich die ganze Zeit argwöhnisch anschaute. Man konnte erkennen, dass sie – beziehungsweise ihre Besetzung – sich sichtlich unwohl fühlte. Mir gefällt im Normalfall die Nähe zu solchen negativen Energien auch nicht, und auch mein Mann fühlt sich dann generell sehr unwohl. Diesmal allerdings konnten wir ganz entspannt und absolut geschützt unser Essen genießen.

Kurz vor Beendigung dieses Buches erhielt ich drei sehr liebe E-Mails von Klientinnen, eine von ihnen hat alle drei Amulette erstanden und wollte mir gern berichten, was sie damit erlebt hatte. Die beiden anderen nutzen das blaue Amulett und erlebten hiermit positive Veränderungen:

Liebe Martina,

ich bedanke mich ganz herzlich für das Elohim-Amulett, welches Du mir "ans Herz gelegt" hast. Ich trage es seit einem halben Jahr so gut wie immer. Wenn ich es vergesse, merke ich das sofort und fühle mich unendlich müde. Es lässt mich den Alltag meistern.

Was mir ganz besonders auffällt, ist, dass alle Schreckensnachrichten einfach an mir vorüberziehen. Es gibt mir die notwendige Gelassenheit, über die Zukunft nicht nachgrübeln zu müssen und in Angst zu verfallen.

Was es aber vor allem macht: Es befreit mich von einer der größten Foltern überhaupt: der Angst um das eigene Kind. Zum ersten Mal kann ich mit dem Satz "Lass ihn los" etwas anfangen und kann akzeptieren, dass er eigene Wege geht. Ich bin nicht mehr panisch um sein Leben besorgt und entlaste damit uns beide.
Diese gesunde Akzeptanz kannte ich vorher nicht.

Liebe Grüße,
Anja

****

Hallo liebe Martina,

ich habe das blaue Amulett jetzt seit einigen Monaten und seitdem auch nicht mehr abgelegt. Ich trage es Tag und Nacht.
Seit ich es trage, geht es mir zum einen gesundheitlich besser, da ich vorher immer viel zu viele Fremdenergien abgefangen habe. Und zum anderen behandeln mich andere Menschen besser, das ist schon fast unglaublich. Einige Menschen, mit denen ich regelmäßig in Kontakt bin und die nicht immer besonders Rücksicht auf mich genommen haben, behandeln mich nun mit dem nötigen Respekt.

Es ist lustig zu beobachten, dass sie bei mir komplett ihre Art verändern und viel netter und freundlicher mit mir umgehen.
Außerdem waren wir mit der ganzen Familie in Urlaub in einer Ferienwohnung, die energetisch recht dunkel wirkte und in welcher sich meine Kinder und mein Mann sehr unwohl fühlten, Geräusche hörten, nicht schlafen konnten und immer wieder sagten, es wäre dort sehr gruselig.
Ich selbst wusste, dass dort noch Verstorbene waren, die uns nicht in der Wohnung haben wollten, was Du uns ja auch bestätigt hast. Das Gute war, dass ich es wahrnehmen konnte, aber ich hatte keine Angst, denn sie konnten wegen des Amuletts nicht an mich ran.
Dies merkte ich, als ich einmal morgens für kurze Zeit allein war und etwas im Schlafzimmer holen wollte. Schon auf dem Weg dorthin spürte ich eine Kälte, und mir liefen Schauer über den Rücken. Es war ein gruseliges Gefühl, so, als würde man beobachtet werden.
Ich griff instinktiv zu meinem Amulett, welches aber unter dem Pullover war. Ich holte es hervor, und sofort baute sich etwas wie eine Schutzglocke um mich herum auf und das gruselige Gefühl ging weg. Ich konnte ohne Ängste ins Schlafzimmer gehen. Seitdem trage ich es immer offen, weil es dann seine ganze Wirkung entfaltet. Versteckt unter dem Pullover brachte es nicht viel, was ich hautnah erleben konnte.
Vielen Dank, liebe Martina, für dieses tolle und kraftvolle Schmuckstück. Die anderen Amulette werde ich bald auch noch probieren.

Liebe Grüße
Katharina

****

Liebe Martina,

einige meiner Wunder bzw. Erlebnisse mit Deinen wunderbaren Amuletten.

Blaues Amulett:
Kurz nachdem ich bei Dir das blaue Amulett erstanden habe, wurde ich gebeten, bei den Nachbarn die Katzen zu füttern. Sehr gut kennen mich die Katzen nicht und ich sie auch nicht, da es 5 sind, junge und ältere, die mal hier und mal da draußen herumlaufen. Sehr oft war ich auch nicht bei den Nachbarn zu Gast. Dass ich sie füttere, hat sich nur nebenbei im Gespräch mal ergeben. Jede Katze hat ihr Schüsselchen, und die Namen der Miezen habe ich mir auch nicht gemerkt. Na gut, am ersten Tag abends kamen gerade mal zwei Katzen zur Fütterungszeit, sie fraßen schnell und gierig, beobachteten mich aus dem Augenwinkel, eher verängstigt und unsicher, danach waren sie gleich wieder weg. Ich habe die anderen zwar gerufen, aber gekommen sind die restlichen drei nicht. Also habe ich das Futter vor die Tür gestellt.

Am 2. Tag morgens war ich wieder dort, da kamen wieder die zwei, die am Vortag auch da waren, eine beäugte mich eher skeptisch von Weitem, kam aber nicht näher. Am Abend dann hatte ich das blaue Amulett von Dir sichtbar um den Hals. Ich wollte nämlich sehen, wie das Amulett auf die Katzen wirkt. Ich ging Richtung Tür und ich habe mich gewundert, denn als ich die Katzen gerufen habe, kamen sie aus allen Richtungen zu mir und wollten ihr Futter. Angerannt wäre zu viel gesagt, sie schauten schon noch eher skeptisch, aber sie waren alle da, und ich habe mich gefreut und auch ein wenig gewundert. Gefressen haben sie eher noch schnell und gierig und ließen mich auch nicht aus den Augen. Am 3. Tag war ich wieder dort, natürlich mit dem blauen Amulett, denn ich wollte schon sehen, ob das nur Zufall war, dass die Katzen gekommen waren. Es war kein Zufall, sie kamen wieder alle fünf zu mir und fraßen diesmal schon ruhiger und nicht mehr so nervös.

Zwei von den Katzen ließen sich von mir sogar streicheln, obwohl sie das normalerweise nicht so gerne mögen. Von dem Tag an kamen immer alle fünf Katzen zur Fütterungszeit und genossen ihr Futter in Ruhe. Es war für mich eine Freude, den Katzensitterjob gut erledigt zu haben.

Das blaue Amulett ist mein Favorit, und ich trage es häufig sichtbar, besonders gerne beim Einkaufen. Eines Tages war ich für meine Schwiegermutter in einem Bekleidungsgeschäft neue Blusen kaufen, da sie nicht mehr gehfähig ist und selber kein Geschäft mehr besuchen kann. Ich ging so durch die Gänge, schaute mir verschiedene Modelle an, eine Verkäuferin mit eher mürrischem Blick kam zu mir und fragte mich, ob sie mir helfen könne. Das war schon das erste kleine Wunder, denn in dem Geschäft hat mich noch nie jemand gefragt, ob mir jemand behilflich sein kann. Eher erstaunt und überrascht verneinte ich. Ich suchte ein paar schöne Modelle aus, was mich auch wunderte, denn die Blusen fielen mir alle ins Auge, es gab so viele schöne Modelle, und ich musste mich entscheiden, welche ich nehmen sollte. Dann ging ich mit 5 Teilen zur Kasse, wo dann wieder die Verkäuferin stand und mich fragte, ob ich einen Gutschein hätte, denn diese Woche gäbe es 20 % auf Damenoberbekleidung. Da ich nicht so oft dort einkaufe, verneinte ich. Plötzlich hörte ich eine Stimme hinter mir, drehte mich um, und ein Mann mittleren Alters fragte mich, ob ich seine Gutscheine haben wolle, denn er brauche nichts dergleichen, und die Gutscheine verfallen zu lassen, wäre auch schade. Ich war echt überrascht, nahm die Gutscheine dankend an und dankte innerlich der geistigen Welt und dem Amulett. Da steht genau zur richtigen Zeit jemand hinter mir und bietet mir einfach so die Gutscheine an. Ein weiteres Wunder.

Das blaue Amulett trage ich auch besonders gerne, wenn ich arbeiten gehe. Da ich eine eher körperlich starke Arbeit in einer Gemüsegärtnerei habe, gibt es mir Kraft, durchzuhalten, auch wenn mein Körper schon fast an seiner Grenze ist. Es gibt mir die Energie, durchzuhalten.

Rosa Amulett:
Ich liebe es, denn ich habe immer das Gefühl, dass ich der geistigen Welt noch näher bin, es strahlt schon beim Anblick so viel Liebe aus. Ganz besonders lieben es aber Kinder. Ich arbeite einmal in der Woche als Leihoma, betreue 2 Kinder mit 8 und 3 Jahren, zwei wunderbare, liebe Mädchen, die sich natürlich auch mal zanken. Manche Tage liefen nicht so rund, da hatte ich auch das Amulett noch nicht. Da sagt eine ein Wort, und die andere war beleidigt, oder sie schubsten sich, man konnte ihnen einfach nichts recht machen, was die eine mochte, wollte die andere nicht, und so ging es den halben Nachmittag dahin. Manchmal setzte ich mich zwischen die beiden, damit endlich Ruhe einkehrt. Anstrengende Tage. Eines Tages hatte ich dann auch endlich mein rosa Amulett um den Hals. Die Kleine kam sofort zu mir gelaufen, wollte hoch zu mir und bestaunte den Anhänger, drehte ihn hin und her, hielt ihn kurz in der Hand und bestaunte ihn lange. Die Größere kam dann auch zu mir. Die Mama wurde verabschiedet, und wir spielten Spiele, gingen raus in die Natur. Die Mädels waren so ausgeglichen und friedlich, es fiel kein böses Wort, sie zankten nicht, es war Harmonie pur. Die Kleinere kam immer wieder mal zu mir und berührte das Amulett. Ihr gefiel auch die Rückseite, in der sie sich spiegelt.

Mittlerweile habe ich je nach Gefühl, Lust oder Eingebung immer die verschiedensten Amulette sichtbar um den Hals, mal rosa, die Lieblingsfarbe der Kleineren, mal blau, wenn ich mit den Mädels Ausflüge mache, um geschützt zu sein, und mal grün, wenn eine oder beide nicht ganz fit sind oder kränkeln, was bei Kindern öfter mal der Fall ist.

Grünes Amulett:
Eines Tages war ich auch wieder mal bei den Mädels, die Kleine hatte schon einige Zeit Schnupfen und Husten, war erkältet und aß nicht viel. Laut Mama war sie einfach unzufrieden mit der Situation. Ein Fall für das grüne Amulett, dachte ich mir.

Ich kam wieder zur Türe rein, die Kleine kam zu mir, wollte getragen werden, freute sich, mich wieder zu sehen, und natürlich nahm sie auch mein Amulett wieder in die Hand und drehte es wie immer um und hielt es kurz in der Hand. Die Kleine war an dem Tag zu Beginn sehr anhänglich, kuschelte sich immer wieder an mich, musste die Nase putzen, hustete immer wieder. Aber nach einiger Zeit in der Nähe des grünen Amuletts war sie irgendwie anders, viel frischer, gar nicht mehr müde, wollte spielen und malen, erzählte dies und das und hatte sogar Hunger. An dem Nachmittag brauchte sie auch kein Taschentuch mehr, und der Husten war auch weg. Ein echtes Wunder für mich, und ich dankte natürlich der geistigen Welt und dem grünen Amulett.

Auch mir selbst hilft das grüne Amulett, wenn ich einmal nicht ganz gesund bin. Ich habe das Gefühl, ich brauche es einfach. Irgendwie kommt es immer wieder in meine Gedanken, bis ich es endlich trage. Besonders Kopfschmerzen sind innerhalb kurzer Zeit weg bzw. ich habe vergessen, dass ich Kopfschmerzen hatte.

Und letztens machte ich die Erfahrung, dass es auch hilft, wenn man nicht einschlafen kann. Nach endlosen Versuchen, endlich einzuschlafen, nahm ich das Amulett in die Hand und schlief kurz darauf ruhig ein.

Das grüne Amulett habe ich meiner Mutter in einer sehr schweren Zeit gegeben, als es um sie sehr schlecht stand, sie wegen eines seltenen Virus im Krankenhaus war und fast gestorben wäre. Ich hatte einfach nur das Gefühl, sie braucht es dringend. Sie trug es eine kurze Zeit, danach musste sie es weggeben, weil es ihr von der Kraft bzw. der Energie zu stark war. Aber es könnte der Auslöser für ihre Heilung und Genesung gewesen sein, wie Du mir gesagt hast. Sie hat sich körperlich fast wieder ganz erholt.

Was ich immer wieder erstaunt feststelle, wenn ich eines der Amulette trage, ist, dass sich Menschen von jetzt auf gleich anders verhalten.

Waren sie zuerst mürrisch, nicht bei der Sache, ungeduldig oder sonst schwer zugänglich, so verändern sie sich mit einem Mal. Sie werden freundlicher, haben plötzlich ein Lächeln im Gesicht, bieten mir ihre Hilfe an, schenken mir spontan etwas, womit ich in dem Augenblick gar nicht rechne.

Und es hilft auch, Menschen fernzuhalten, die man nicht in seiner Nähe haben möchte. Die machen unbewusst einen großen Bogen um mich – erstaunlich.

Noch eine kurze Geschichte... Ich bin ja eher ängstlich und unsicher, wenn ich im Winter auf Schnee und Eis fahren muss, ich vermeide es so gut es geht, aber manchmal muss man einfach raus zur Arbeit. Ich sitze dann im Auto, die Knie zittern, die Hände werden nass, ich fahre sehr unsicher und fürchte mich einfach. Wenn ich jetzt im Winter fahren muss, habe ich das blaue Amulett um den Hals und fühle mich einfach sicherer, ich weiß einfach, dass ich beschützt bin und ich sicher an mein Ziel komme. Ich kann es vielleicht so beschreiben, dass ich das Gefühl habe, dass um mein Auto eine Schutzkugel ist. Ich fahre zwar noch immer langsam, aber die Angst ist weg, dass ich rutsche oder in den Graben fahre. Keine feuchten Hände und keine zittrigen Knie.

Liebe Martina, Danke für die wunderbaren Amulette von Dir, ich würde sie nie mehr hergeben, denn sie haben eine unglaubliche Kraft in sich. Wer noch nicht an Wunder glaubt, wird sie mit den Amuletten erleben.

Alles Liebe,
Marion

Oben ist das Elohim-Amulett abgebildet, unten das Chakren-Amulett. Beide findest Du, ebenso wie Engel- und Marien-Statuen, auf Martinas Seite *www.martinaheise.de* – bitte den Button mit den abgebildeten Amuletten anklicken.

Chakren, Organe und geistig-energetische Anwendungen

Die Chakren und ihre zugeordneten Krankheiten

Jedes Chakra ist einem oder mehreren Organen und Organsystemen zugeordnet. In meiner Ausbildungszeit durch die geistige Welt wurde mir oft gezeigt, dass bestimmte Krankheiten durch Blockaden in den Chakren entstehen. Das ist zwar nicht immer zu hundert Prozent der Fall, aber es kommt sehr oft vor, dass ein blockiertes Chakra zumindest den Hauptauslöser für eine Erkrankung darstellt.

Nachfolgend fasse ich deshalb die Zuordnung der Chakren kurz zusammen. Für detailliertere Informationen gibt es zahlreiche Bücher, die gut den Aufbau und die Arbeit der Chakren beschreiben.

1. Chakra – Wurzelchakra (rot)

Es steht für die Basis des Lebens, für die eigenen Wurzeln, für frühere Leben, den eigenen Ursprung. Bei den meisten ist dies das Chakra mit der geringsten Funktionstüchtigkeit, dieses Chakra braucht bei einem energetisch-geistigen Chakren-Ausgleich oft die meiste Energie. Weil dieses Chakra auch Verbindungen in frühere Leben hat, ist eine Rückführung beziehungsweise Rückschau oft sehr hilfreich, um den Ursprung von Krankheiten oder Blockaden herauszufinden. Ich würde allerdings davon abraten, nur zum Spaß eine Rückführung zu machen, um nicht Türen zu öffnen, die lieber geschlossen bleiben sollten.

Zugeordnete Organe und Krankheiten: Darm, Wirbelsäule, Skelett, Zähne, Knochen, Steißbein, Gelenke, Füße, Beine, Milz, Knie, Lymphsystem, Nasennebenhöhlen, Nebennieren, Immunsystem, alle Erkrankungen an den vorgenannten Organen sowie Arthrose und Rheuma, aber auch Blutarmut, Krampfadern und Essstörungen.

2. Chakra – Sakral- oder Sexualchakra (orange)

Diesem Chakra ist die Sexualität, die allgemeine Lebensfreude und die Kreativität zugeordnet sowie die Fortpflanzung, das Körperbewusstsein, aber auch Triebhaftigkeit, Zwänge, Süchte und Schuldgefühle.

Zugeordnete Organe: Nieren, Harnwege, Geschlechtsorgane, Blase, Keimdrüsen.

3. Chakra – Solarplexus (gelb)

Dieses Chakra ist das Energiezentrum im Körper und hat besondere Auswirkungen auf alle anderen Chakren – im positiven und negativen Sinne. Es steht für Selbstwertgefühl, die eigene Persönlichkeit, Emotionen, Feinfühligkeit, aber auch für Selbstmitleid, Unsicherheit und Aggressivität.

Zugeordnete Organe: Leber, Galle, Zwerchfell, Magen, Dünndarm, Bauchspeicheldrüse, das Gesicht, die Haare, Haut und Nägel, Augen.

4. Chakra – Herzchakra (grün)

Hier sind die Liebe, das Mitgefühl, das Miteinander und die Eigenliebe zuhause. Aber auch Gefühlskälte, Überheblichkeit, Selbsthass und Verbitterung.
Durch tragische Schicksale, tiefe Verletzungen und Enttäuschungen kann dieses Chakra blockiert, manchmal sogar komplett geschlossen sein.

Zugeordnete Organe und Körperfunktionen: Herz, Brust, Lunge, Blutkreislauf, Blutdruck, Gefäße, Arme, Hände, Thymusdrüse.

5. Chakra – Halschakra (hellblau)

Kommunikation, Wahrheit und Ausdruck werden diesem Chakra zugeordnet. Aber auch Geltungsdrang, Hemmungen und Unterordnung.

Zugeordnete Organe und Körperfunktionen: Hals, Zähne, Zahnfleisch, Nacken, Schulter, Schilddrüse, Stimmbänder, Kehlkopf, Ohren, Gleichgewicht, Mandeln, Arme, Hände, Halswirbelsäule.

6. Chakra – Stirnchakra oder drittes Auge (dunkelblau)
Hier sind angesiedelt: Medialität, Wahrnehmung, Phantasie und Vorstellungskraft, aber auch Ängstlichkeit, Selbstüberschätzung, Konzentrationsschwäche, Schwierigkeiten beim Lernen und Verantwortungslosigkeit.

Zugeordnete Organe: Nervensystem, Gehirn, Augen, Ohren, Nase, Hormone, Stirnhöhle.

7. Chakra – Kronenchakra oder Scheitelchakra (violett)
Dieses Chakra stellt die Verbindung zur göttlichen Quelle dar und steht somit für Spiritualität, Erleuchtung und Selbstverwirklichung, aber auch für Illusionen, Aberglaube, Verwirrung und Realitätsflucht. Dieses Chakra ist wichtig für energetisch-geistige Anwendungen oder die Arbeit mit geistigen Wesen.

Zugeordnete Organe und Krankheiten: Immunsystem, Gehirn, Zirbeldrüse, gesamter Organismus, alles was chronisch verläuft.

Als erste Hilfe kann man in einer Meditation oder Übung in alle Chakren einzeln die dazugehörige Farbe fließen lassen. Man bittet hierbei um das Lösen der Blockaden und das Aufladen der Chakren, denn meist sind die Chakren unterversorgt. Man kann auch nur in ein einziges Chakra die entsprechende Farbenergie fließen lassen, um es aufzuladen.

Mit etwas mehr Zeit kann man aber auch einen wundervollen kompletten Chakrenausgleich durchführen:

Setze oder lege dich dabei bequem hin, schließe deine Augen und atme ruhig ein und aus. Lasse alle deine Gedanken ziehen und werde ruhiger und ruhiger…
Lege nun eine Hand auf dein Kronenchakra und die andere Hand auf das Wurzelchakra.

Bitte um die göttliche Energie, die nun durch dein Kronenchakra eindringt und durch die Hände fließt (oft werden diese warm oder kribbeln angenehm). Wenn du die Energie spürst, lasse sie eine Weile an dieser Stelle, damit die Energie gut in die Chakren fließen kann.
Die eine Hand bleibt auf dem Kronenchakra, während die andere Hand nun auf das Sakralchakra gelegt wird. Dort bleibt sie wieder eine Weile, die Energie fließt ein. So geht es weiter zum Solarplexus, zum Herzchakra und zum Halschakra.
Nun aber führst du die Hand von deinem Kronenchakra zum Stirnchakra und die andere wieder zurück zum Herzchakra und lässt wie gewohnt eine Weile die Energie fließen.

Anschließend kannst du dich für den guten Energiefluss bedanken und langsam in das Hier und Jetzt zurückkommen. Bleib ruhig noch einen Moment liegen, damit die Energie noch etwas nacharbeiten kann.

Die Hand wechselt deshalb zum Schluss vom Kronenchakra auf das Stirnchakra und die andere zum Herzchakra, damit ein Chakra dazwischen ist. Lässt man die Energie gleichzeitig in nebeneinanderliegende Chakren fließen, entsteht ein Energiestau. Deshalb sollte dazwischen immer ein Chakra frei bleiben.[(4)]

Die Sprache der Organe und der Wirbelsäule

So, wie den Chakren bestimmte Themen und Organe zugeordnet sind (manche Organe sind mehreren Chakren zugehörig), stehen auch die Organe und die einzelnen Wirbel für bestimmte emotionale Themen, welche ich nachfolgend zusammenfasse:

Lunge

Emotionale Entsprechung: Liebe nicht annehmen können, mit Komplimenten und Anerkennung nicht umgehen können, Kummer, Traurigkeit und Sorgen, innerlicher Kampf, übertriebenes Selbstmitleid, lebensmüde sein beziehungsweise tatsächlich nicht mehr leben wollen.

Redensarten: *„Mir bleibt die Luft weg."*
„Meiner Wut und Aggression Luft machen."
„Ich huste mir die Seele aus dem Leib."
„Ich habe einen langen Atem."
„Hier herrscht dicke Luft."
„Es verschlägt mir den Atem."

Stärkste Aktivität: 3:00 Uhr bis 5:00 Uhr

Herz

Emotionale Entsprechung: Fehlende Lebensenergie und Lebensfreude sowie Lebenskraft, nicht vorhandenes Mitgefühl und Liebesunfähigkeit sich selbst und anderen gegenüber, niedriges Selbstwertgefühl und Ignorieren der eigenen Intuition, Egoverhalten sowie Angstzustände und Angststörungen.

Redensarten: *„Du bricht mir mein Herz."*
„Mein Herz rutscht in die Hose."
„Du bist herzlos."
„Das ist alles halbherzig."
„Etwas wird aus meinem Herzen gerissen."

Stärkste Aktivität: 11.00 Uhr bis 13:00 Uhr

Leber

Emotionale Entsprechung: Rechthaberei, Arroganz und mangelnde Anpassungsfähigkeit, stumpfes Denken, Depression, Wut, Ärger, Wertungen, überzogenes Temperament, die Leber steht für das Leben an sich, auch für lebensmüde Phasen.

Redensarten: *„Mir ist eine Laus über die Leber gelaufen."*
„Du trinkst dir die Leber kaputt."

Stärkste Aktivität: 1:00 Uhr bis 3:00 Uhr

Nieren

Emotionale Entsprechung: Verbindung zu Eltern oder Großeltern sowie Partnerschaften (Liebes- und Geschäftsbeziehungen), Gefühlskonflikt, fehlender Mut und fehlendes Vertrauen, mangelnde Harmonie, unreine Gedanken, Ängste, betrogen worden sein.

Redensarten: *„Etwas geht mir an die Nieren."*
„Das schlägt mir auf die Nieren."

Stärkste Aktivität: 17:00 Uhr bis 19.00 Uhr

Magen

Emotionale Entsprechung: Fehlende Zuneigung, Liebe und Geborgenheit, ständiges Grübeln, sich viele Sorgen machen und schlecht angenommen werden von anderen, aber vor allem von einem selbst, Gier nach Essen.

Redensarten: *„Liebe geht durch den Magen."*
„Das verdirbt mir den Appetit."
„Du frisst alles in dich hinein."
„Du musst viele Dinge verdauen oder auch schlucken."
„Auf etwas oder jemanden sauer sein."
„Etwas stößt mir übel auf."

Stärkste Aktivität: 7:00 Uhr bis 9:00 Uhr

Dünndarm

Emotionale Entsprechung: Stockender Lebensfluss, Einschlafstörungen, mangelnde Lebenskraft und Ruhelosigkeit, Grübelei, Analysieren, das Verarbeiten von äußeren und inneren Einflüssen, Traurigkeit, Unsicherheit, Kritikunfähigkeit.

Redensarten: *„Ich habe vor etwas Schiss."*
„Der macht sich vor Angst in die Hose."
„Der Tod sitzt im Darm."

Stärkste Aktivität: 13:00 Uhr bis 15:00 Uhr

Dickdarm

Emotionale Entsprechung: Ruhelosigkeit, ständig unter Spannung stehen, Schuldgefühle, Probleme, etwas oder jemanden loszulassen, Traurigkeit und Melancholie, Angst, Geiz, Verdauen von seelischen Eindrücken, eigene Gefühle nicht äußern können.

Redensarten: siehe Dünndarm

Stärkste Aktivität: 05:00 Uhr bis 07:00 Uhr

Galle/ Gallenblase

Emotionale Entsprechung: Wut und Aggressionen, Überaktivität, Zappeligkeit, introvertiertes Verhalten, Gleichgültigkeit, Rücksichtslosigkeit.

Redensarten: *„Da kommt mir die Galle hoch."*
„Mir läuft die Galle über."
„Ich könnte Gift und Galle spucken."

Stärkste Aktivität: 23:00 Uhr bis 1:00 Uhr

Milz/ Bauchspeicheldrüse

Emotionale Entsprechung: Übersteigerte Phantasie, Zwangsvorstellungen, Depressionen, Verschlossenheit, fehlende Abgrenzungsfähigkeit, tiefe Traurigkeit, Sorgen , Verwirrung.

Redensarten: keine bekannt

Stärkste Aktivität: 9:00 Uhr bis 11:00 Uhr

Die Wirbelsäule

Halswirbel

C1 fehlende Übersicht, Probleme mit dem Schöpfer, alles mit dem Kopf erfassen wollen, *„Was denken die anderen über mich?"*

C2 fehlende Weitsicht, nicht hinsehen wollen, Überforderung des Sehsinnes

C3 nicht zuhören wollen, keinen festen Standpunkt haben, den Halt verlieren, Schuldgefühle

C4 nicht gut reden können, wenig Durchsetzungsvermögen, Kloß im Hals

C5 der „Biss" fehlt, Kommunikationsprobleme

C6 Demütigungen zulassen, sich unterdrückt fühlen, stilles Leiden, sich nicht wehren können

C7 Ängste, depressive Verstimmungen, Demütigungen zulassen, sich unterdrückt fühlen, stilles Leiden, sich nicht wehren können

Die Halswirbelsäule insgesamt steht für Altlasten, die man loslassen beziehungsweise ablösen soll, sonst fehlt die Kraft zur Erfüllung der individuellen Aufgabe im Leben.
Demütigungen und Erniedrigungen von anderen oder negative Urteile, die andere über einen fällen und die man selbst zu seiner Wahrheit macht, blockieren diesen Bereich ebenso.

Brustwirbel

TH 1 Überlastung, zu viel Last auf den Schultern tragen, alles selbst machen wollen, kein Vertrauen

TH 2 Hartherzigkeit, Freudlosigkeit, Verschlossenheit des Herzens, fehlende (Eigen-)Liebe

TH 3 sich selbst zurückstellen, nicht durchatmen können oder wollen, keine eigene Meinung haben, sich anderen unterwerfen

TH 4 unterdrückte Wut, Ziellosigkeit, Verbitterung, Härte gegen sich selbst

TH 5 Sorgen um andere, Probleme mit dem inneren Kind, Vernachlässigung von eigenen Interessen, Traurigkeit, Süchte

TH 6 viel runterschlucken, introvertiert, Süchte, inneres Aufbäumen

TH 7 viel runterschlucken, introvertiert, Süchte, inneres Aufbäumen

TH 8 voller Sorgen, Starrheit, nicht den Fluss des Lebens zulassen

TH 9 eigene Aggressivität unterdrücken, sich Vorwürfe machen

TH 10 Partnerschaftsprobleme, Probleme mit Beziehungen zu anderen Menschen (Kinder, Verwandtschaft, Kollegen, Freunde, usw.)

TH 11 Unsicherheit, Kontaktprobleme, verstärkter Blick auf die eigenen Schwächen, Angst

TH 12 Neuanfang fällt schwer, schlechtes Loslassen von Vergangenem

Die Brustwirbelsäule insgesamt steht für Schuld wie Schuldzuweisungen von anderen, eigene Schuld oder auch, wenn man die Schuld auf sich nimmt. Man fühlt sich, als würde man nicht weiterkommen im Leben.

Lendenwirbel

L 1 Neuanfang fällt schwer, Probleme beim Loslassen von Vergangenem

L 2 Verkrampfung, Panikgefühle

L 3 wenig Vertrauen, fehlende Geborgenheit, sexuelle Probleme

L 4 wenig Vertrauen, fehlende Geborgenheit, sexuelle Probleme

L 5 wenig Vertrauen, fehlende Geborgenheit, sexuelle Probleme

Kreuzbein: steht für die Last des Lebens

Steißbein: mangelnde Verbindung zu Mutter Erde

Hauptsächlich steht die Lendenwirbelsäule für Probleme mit der Sicherheit im Leben, mit dem Versorgtsein, mit Absicherung bis in die Zukunft – vor allem in finanzieller Hinsicht.

Zum Thema Organentsprechung gibt es sehr viele Bücher, die ausführlich die seelischen, geistigen und körperlichen Themen genauer beschreiben. Eines, in welchem auch die Bedeutung der Wirbelsäule ausführlich beschrieben wird, ist das Buch von Louise Hay „*Gesundheit für Körper und Seele*".

Geistig-energetische Anwendungen und geistige Chirurgie

Ich möchte in diesem Buch die Gelegenheit ergreifen und kurz etwas über geistig-energetische Anwendungen erzählen. Ganz wichtig zu wissen ist, dass man nicht allen Hilfesuchenden helfen kann. Manchmal stellen sich nach einer Anwendung direkt starke Verbesserungen ein, ein anderes Mal folgt eine Erstverschlimmerung – oder „Heilreaktion" – wie in der Naturheilkunde bekannt.

Es gibt allerdings auch Fälle, bei denen erst einmal anscheinend nichts passiert und keine positive Reaktion eintritt. Oftmals ist dies der Fall, wenn der Betreffende seinen Lernprozess noch nicht vollständig abgeschlossen hat, denn in diesem Fall bleiben die Beschwerden oder Blockaden noch bestehen.

Nicht selten habe ich aber erlebt, dass geistige Anwendungen nicht direkt wie mit Zauberhand etwas sofort auflösen, sondern dass hierdurch der Weg frei gemacht wird für andere Hilfestellungen, die der Hilfesuchende benötigt. So erfährt man plötzlich von anderen Helfern, dies können spezialisierte Ärzte sein oder Institutionen, die bei dem Problem weiterhelfen, oder es kommen plötzlich viele positive Hinweise, die zur Lösung beitragen. Die geistig-energetischen Anwendungen können lediglich Blockaden lösen, die als grundlegende Ursachen hinter den Symptomen stehen. Das bedeutet, dass aufgelöste Blockaden nun nicht mehr länger körperlich den Energiefluss stören und dass sich damit auch andere Wege und Lösungsmöglichkeiten zeigen können.

Man sollte demnach offen sein, wenn man sich auf die geistigen Helfer einlässt – offen, für Dinge, die geschehen können und in unser Leben kommen.

Ich persönlich bin deshalb, wenn ich eine geistig-energetische Anwendung gebe, völlig absichtslos und frei in meinem Tun. Ich bitte anfangs um göttliche Führung und bin offen, wie die Anwendung ablaufen soll. Hierbei sehe ich manchmal Bilder, oder meine Hände werden geführt, damit bestimmte Körperstellen Energie bekommen.

Manchmal geht es um eine Reinigung, ein anderes Mal darum, Besetzungen zu lösen oder bestimmte Lebensthemen zu bearbeiten. Es ist jedes Mal spannend, was die geistige Welt für Mittel und Wege bereithält.

Sehr oft werde ich im Zusammenhang mit Energieanwendungen zum Thema „geistige Chirurgie" befragt. Auch dies ist Teil meiner Arbeit, wenn ich „von oben" die Erlaubnis dazu bekomme. Aber auch alle, die sich etwas mit Energiearbeit auskennen, können diese anwenden.

In der geistigen Welt gibt es genauso wie auf Erden Ärzte, die uns helfen, geistige Operationen durchzuführen. Als ich dies zum ersten Mal erlebte, staunte ich schon sehr, was alles möglich ist und wie uns die geistige Welt unterstützt.

Was wir dazu brauchen, ist eine gute Vorstellungskraft (die man üben kann) und das Vertrauen in die geistige Welt. Wenn ich eine Anwendung mache und die geistigen Helfer möchten, dass eine geistige Chirurgie erfolgen soll, erkenne ich dies daran, dass lichtvolle geistige Wesen, die ähnlich wie Ärzte in einem Operationssaal aussehen, auftauchen. Diese geistigen Ärzte kann man aber auch selbst jederzeit bitten, die nötigen Eingriffe im Körper durchzuführen. Man kann nun – je nach Medialität – ihnen vertrauensvoll die Führung übergeben und zuschauen, wie sie vorgehen. All dies geschieht in einer Art Meditation mit viel Ruhe.

Aber auch, wenn man nicht hellsichtig ist, kann man die geistige Welt und die geistigen Ärzte jederzeit bitten, das körperliche Problem geistig zu operieren, wenn es Gottes Wille ist. Gottes Wille ist die einzige Voraussetzung, die es braucht, um direkte Erfolge mit geistig-energetischer Arbeit erzielen zu können. Und wenn der Erfolg nicht direkt eintritt, weil es eben noch nicht an der Zeit ist, dann hilft Gott dennoch, wenn man bereit ist, seinen Lernprozess mit seiner Hilfe zu durchlaufen.

Mein Engel hat zum Thema Energiearbeit einmal zu mir gesagt: *„In der Einfachheit und dem Naheliegenden ist die Lösung. Ihr Menschen denkt oft viel zu kompliziert und glaubt, etwas müsse viel Mühe machen, damit es hilft. Dem ist nicht so.“*

Manchmal passieren, wenn man um Heilung bittet, eben nicht die ganz großen Dinge, sondern es kommt vor, dass man die Lösung auf eine andere Art bekommt, so wie in meinem Fall, als ich mich energielos fühlte, Haarausfall bekam und andere wechselnde körperliche Beschwerden hatte. Da bat ich die geistige Welt um Heilung und machte bei mir selbst eine Anwendung. Danach fühlte ich mich besser, aber es hielt nicht lange an, und die Beschwerden kehrten zurück.

Kurze Zeit später wurde ich „zufällig“ zu einem bestimmten Buch geführt. Ich schaute es mir kurz an und stellte fest, dass es sich um ein Buch über die Blutgruppen-Ernährung handelte. Schon beim Durchblättern fand ich sehr gute Informationen, sodass ich es mir kaufte.

Beschrieben wurde, dass die einzelnen Blutgruppen nur bestimmte Nahrungsmittel vertragen. Bei meiner Blutgruppe – so las ich – ist es so, dass ich sehr gut Fleisch vertrage und mein Körper dieses auch tatsächlich braucht. Eine vegetarische oder sogar vegane Ernährung wäre in meinem Fall nicht gut und würde zur Schwächung meines gesamten Körpersystems führen.

Jetzt wusste ich, warum ich mich so energielos fühlte. Ich lebte seit ein paar Wochen fleischlos, nicht vegan, aber ich wollte auf Fleisch verzichten. Ich beschloss, wieder Fleisch zu essen, und schon nach ein paar Tagen ging es mir deutlich besser. Seitdem esse ich zumindest gutes Fleisch direkt von Bio-Bauernhöfen oder eben von guten Metzgern – nicht täglich, das muss gar nicht sein, aber doch regelmäßig. Auch die anderen Ernährungstipps bezüglich meiner Blutgruppe brachten mir viel mehr Energie, und einige Beschwerden verschwanden sogar komplett.

Dies ist ein Beispiel dafür, wie die Arbeit mit der geistigen Welt funktionieren kann, wenn Dinge aufgelöst werden sollen, und wie wichtig es ist, offen durchs Leben zu gehen und seinen Impulsen zu vertrauen. So kann es passieren, dass bestimmte Blockaden zwar während einer Anwendung geistig aufgelöst werden, uns aber die körperliche Hilfe erst später im Außen begegnet.

Für alle Interessierten: Das Buch heißt *„4 Blutgruppen – Vier Strategien für ein gesundes Leben“*, Dr. Peter J. D’Adamo und Catherine Whitney.

Interview mit Dr. med. Josef Peters

Für diesen Buchabschnitt habe ich ein Interview mit Dr. med. Josef Peters geführt, welcher als ganzheitlicher Arzt arbeitete und vor einigen Jahren in Pension gegangen ist. Sein Wissen über ganzheitliche Heilung ist so umfassend, dass ich dir seine Informationen nicht vorenthalten möchte. Natürlich konnte auch er die Schulmedizin in vielen (Not-) Fällen nicht ausschließen, dennoch betrachtete er die gesundheitlichen Probleme seiner Patienten immer ganzheitlich, denn ihm war es wichtig, die Ursache hinter den Beschwerden herauszufinden.

Josef und ich sind seit vielen Jahren befreundet, und ich bin ihm sehr dankbar, dass er mir einen Einblick in seine Arbeit und sein Wissen gibt.

Lieber Josef, erst einmal vielen Dank, dass du dich bereit erklärt hast, meine Fragen zu beantworten und uns somit einen Einblick in deine Arbeitsweise gibst. Welchen Blick hast du als ganzheitlicher Arzt auf Krankheiten und den Menschen?

Als reiner Schulmediziner behandelt man Symptome, aber leider nur selten die Ursachen der Erkrankung. Für die Notfallmedizin und um erste Hilfe bei gesundheitlichen Problemen zu geben, ist das auch völlig in Ordnung. Manchmal braucht es eben auch erst einmal Schmerzmittel oder stark entzündungshemmende Mittel, damit der Mensch überhaupt eine Chance zu überleben hat beziehungsweise um starke Schmerzen zu lindern. Wenn ich meine Patienten vorab gut versorgt hatte und Schlimmeres ausschließen konnte, versuchte ich immer, die Ursachen herauszufinden. Das ist zugegebenermaßen nicht immer ganz einfach und bedarf langer Gespräche mit einer ausführlichen Anamnese. Diese Zeit hat ein normal praktizierender Arzt einfach nicht. Das ist in diesem System einfach so, dass man als Hausarztpraxis – um überhaupt existieren zu können – die vorgegebenen Zeiten der Krankenkassen einhalten muss. Alles, was darüber hinausgeht, sind Privatleistungen. Diese waren meinen meisten Patienten aber immer die Sache und ihre Gesundheit wert.

Wie genau bist du vorgegangen, um die Ursachen bei deinen Patienten herauszufinden?

Ich hörte erst einmal ganz genau zu, was mir die Patienten schilderten und wie genau sich ihr Leiden bemerkbar machte. Während des Gesprächs stellte ich gezielt Fragen, um das Beschwerdebild näher erfassen zu können. Dabei ist es auch wichtig, wann genau die Probleme stärker oder schwächer werden, dazu gehören Tageszeiten, Ernährung, Wärme oder Kälte. Aber es fallen in den Beschreibungen auch immer Sätze oder Redensarten wie: *„Mir bleibt die Luft weg.“*, *„Ich habe kaum Luft zum Atmen.“*. Hier sollte man nachhaken, bei was genau einem die Luft weg bleibt und in welchen Situationen zum Beispiel der Patient kaum Luft zum Atmen hat.

Ein Beispiel: Bei Erkrankungen der Lunge sind oftmals der Brustkorb und die Schultern involviert, aber auch Heiserkeit, Husten, Verspannungen im unteren Nackenbereich und Atemstörungen weisen auf ein Lungenproblem hin. Aus ganzheitlicher Sicht steht die Lunge wiederum für das Thema *„Liebe nicht annehmen können“*, aber auch für Probleme, Komplimente annehmen zu können. Weitere Themen sind Kummer, Sorgen und Traurigkeit, welche nicht verarbeitet werden können, ebenso wie übertriebenes Selbstmitleid, oder wenn man etwas gegen seinen Willen aufgeben muss, weil es die Umstände so erfordern.

Nur in längeren Gesprächen kann man mit viel Einführungsvermögen herausfinden, welche Ursachen bei dem Patienten in Frage kommen. Patienten, die sich auf eine solche Vorgehensweise eingelassen haben, waren auch bereit, zu forschen und mitzuarbeiten. Oft kamen sie von ganz allein auf die Ursache. Bei nicht wenigen Lungenpatienten zum Beispiel stand eine Lebensmüdigkeit hinter den Problemen, meist ausgelöst durch ein Problem in der Vergangenheit, welches zu Selbstmordgedanken führte. Und auch wenn das Problem längst gelöst war, so war im Unterbewusstsein immer noch der alte Wunsch nach Selbstmord verankert, und es entstanden Lungenprobleme, denn die Lunge steht auch dafür, dass man die Lebensenergie nicht einatmen möchte oder einatmen kann.

Das klingt spannend. Wie habt ihr das Problem lösen können?

Ein Teil der Heilung beginnt schon, wenn das Problem erkannt ist. Dennoch muss der Patient an sich arbeiten, er muss die Verantwortung für sich selbst übernehmen, um die Ursache aufzulösen. Dies geschah oft mit Vergebungsritualen und zum Beispiel der Stärkung des Selbstwertgefühls. Manchmal muss alte Trauer noch einmal angeschaut und durchlebt werden, um für immer zu gehen. Was genau hilfreich ist, ergibt sich immer in Bezug auf die Ursache, die Lebensumstände oder Erlebtes.

Das heißt, wenn ich es richtig verstanden habe, muss man das Thema, welches hinter den Problemen steht, erst einmal erkennen, um es ins Positive zu wandeln?

Ja, wobei es oft eine Weile diszipliniertes Arbeiten an sich selbst erfordert, bis man alles aufgelöst hat. Das geht oft sehr gut mit positiven Glaubenssätzen, die zu dem Thema passen. Hier gilt es, geduldig zu bleiben, bis sich alles zum Positiven umgestellt hat.

Aber es sind doch bestimmt nicht alle Patienten offen gewesen für deine Arbeit?

Ja, das stimmt. Den meisten Menschen ist diese Arbeit viel zu anstrengend, und sie geben die Verantwortung lieber an die Pharmaindustrie ab, die für alle Symptome bunte Pillen bereithält. Aber hier gilt auch – und das habe ich immer beachtet –, den Weg jedes Einzelnen zu respektieren.
Manche meiner Patienten kamen immer wieder mit denselben gesundheitlichen Problemen zu mir und waren dankbar, wenn sie weiterhin einfach ihre Symptome bekämpfen konnten. Aber irgendwann funktionierte das nicht mehr. Viele waren erst dann bereit, sich einer ganzheitlichen Betrachtung zu unterziehen und mitzuwirken.

Zum Thema „Lunge“ habe ich noch eine Frage. Wenn jemand viel hustet, bedeutet das doch oft: *„Hör mir zu!“* oder *„Warum hört mich keiner?“* Wie siehst du das?

Das ist richtig. Das kann man bei jüngeren Kindern beobachten. Wenn sie Husten haben, wird das, was sie sagen, oft nicht ernst genommen von der Familie oder zum Bespiel den Lehrern.

Hierzu fällt mir eine kleine Geschichte ein: Ein junger Mann kam in meine Praxis mit einem so fürchterlichen Husten, dass andere Patienten im Wartezimmer schon von ihm abrückten.

Als er bei mir im Sprechzimmer war, fragte ich ihn, wem er denn etwas husten möchte, worauf er mich entsetzt ansah. Ich erklärte ihm, für welche Themen der Husten stehen kann, und er fing an zu überlegen. Recht schnell wurde ihm bewusst, dass es sein Chef war, der ihm nicht richtig zuhörte und seine Verbesserungsvorschläge abschmetterte. *„Er übergeht mich immer wieder, aber ich bin nicht in der Lage, ihm mal offen meine Meinung zu sagen, dazu fehlt mir der Mut.“*, sagte er. Anstelle dessen fing er an zu husten, erklärte ich ihm. Er hat den Wunsch in sich unterdrückt, seinem Chef „etwas zu husten“, was sein Körper nun sichtbar macht.

Ich verschrieb ihm naturheilkundliche Mittel, um seinen Husten zu lindern, und schrieb ihn eine Woche krank, in welcher er sich mit diesem Thema auseinandersetzen sollte, und machte ihn abschließend darauf aufmerksam, dass er während unseres Gespräches über sein Thema nicht ein einziges Mal husten musste, was ihn erstaunte.

Der junge Mann kam erst einige Wochen später wieder zu mir in die Praxis und erzählte, dass er es nicht geschafft habe, seinem Chef die Meinung direkt zu sagen. Er hatte ihm stattdessen eine Kündigung geschrieben und nannte darin seine Gründe, die er nicht aussprechen konnte.

Daraufhin bat ihn der Chef zu einem Gespräch, in welchem sie klären konnten, warum mein Patient kündigen wollte. Sein Chef, so erzählte er, war erstaunt über seine ehrlichen Worte in der Kündigung und hörte ihm nun das erste Mal richtig zu, auch seinen Verbesserungsvorschlägen. Sein Chef gelobte nun selbst Besserung und bat

ihn, die Kündigung zurückzuziehen. Seitdem pflegten beide ein gutes Verhältnis.
Der Husten, so berichtete mir mein Patient, war in dem Moment weg, als er die Kündigung geschrieben und abgeschickt hatte.

Also konnte er direkt die Ursache hinter seinem Husten auflösen, das ist schön zu hören, dass es unter Umständen so schnell gehen kann. Schön wäre es, wenn es mehr Ärzte gäbe, die so arbeiten wie du.

Martina, durch meine Kontakte zu anderen Ärzten weiß ich, dass es viele gibt, die dies gern tun würden. Aber vielen sind die Hände gebunden, weil es ihnen teilweise untersagt ist, naturheilkundlich zu arbeiten. Hier krankt das System, und der Einfluss der Pharmaindustrie ist auch nicht zu unterschätzen. Für viele ist es aber tatsächlich eine Kostenfrage, sich mehr Zeit für die Patienten zu nehmen. Nicht immer, weil die Ärzte gierig sind, sondern tatsächlich, weil sie sonst noch nicht einmal ihre laufenden Kosten decken können. Leider können sich Kassenpatienten die Zusatzleistungen nicht immer in vollem Umfang leisten, was sehr schade ist.

Noch einmal zurück zu den Ursachen von Erkrankungen. Kann es sein, dass es nicht immer nur ein einziges Thema ist, was als Ursache in Frage kommt, sondern mehrere?

Ja, das ist sogar oft der Fall. Im Laufe unseres Lebens können sich einige Ursachen zu einer einzigen Erkrankung zusammenbrauen, auch muss man Blockaden oder zum Beispiel seelische Schocks aus früheren Leben berücksichtigen, und auch die Blockaden unserer Ahnen spielen bei manchen eine Rolle.
Manchmal sind die Ursachen wie ein verknotetes Wollknäuel, das man auseinandermachen muss, um einen ordentlichen Faden zu bekommen. So muss man oft Stück für Stück, Thema für Thema auflösen, um an den Kern oder die Hauptursache heranzukommen. Deshalb erwähnte ich bereits, dass es oft viel Geduld und Disziplin er-

fordert, diesen Weg zu gehen. Aber, das kann ich aus wirklich langjähriger Praxis sagen: Es lohnt sich immer, und man wird mit Gesundheit und Vitalität gesegnet.

Du bist jetzt schon einige Jahre nicht mehr aktiv als Arzt tätig. Fehlt dir deine Arbeit?

Doch sehr, aber jetzt habe ich endlich die Zeit, an meinen eigenen Themen zu arbeiten, für die oft keine Zeit und kein Platz war. ☺

Vielen Dank, lieber Josef für die vielen Informationen und die Liste der Ursachen von verschiedenen Erkrankungen, die ich in diesem Buch (siehe Seite 131) verwenden durfte. Außerdem herzlichen Dank für deinen Buchtipp „*Mein Körper – Barometer der Seele*“ von Jacques Martel.

Hilfreiche Tipps,

Informationen

und

Meditationen

Die Magie der Zahlen

Schon gleich zu Beginn meiner geistigen Ausbildung durch meine Engel wurde ich auf die Wirkung von Zahlen und Zahlenkombinationen aufmerksam gemacht, und ich habe tatsächlich während meiner langjährigen Arbeit als Medium immer wieder festgestellt, wie sehr Zahlen uns Menschen beeinflussen können.

Ähnlich wie in der Astrologie bestimmte Sternzeichen entsprechende Merkmale haben, trifft das Geburtsdatum ganz entscheidende Grundaussagen über den Menschen. Hierüber gibt es mittlerweile zahlreiche Bücher auf dem Markt, in welchen meist sehr ausführlich beschrieben wird, wie man die Geburtszahl errechnet und deutet. Außerdem beeinflussen uns zum Bespiel Hausnummern, Telefonnummern und sogar das Autokennzeichen.

Um in diesem Buch einen kurzen Überblick über die energetische Wirkung von Zahlen zu erhalten, liste ich diese nachfolgend auf. Die endgültigen Geburtszahlen sind immer die Quersumme des vollständigen Geburtsdatums, wie zum Bespiel die Quersumme 6 aus dem Geburtsdatum 23.05.1985 (2+3+5+1+9+8+5 = 33 → 3+3 = 6).

- Hinter der **Zahl 1** steht eine starke Persönlichkeit, die ihre Entscheidungen gut, schnell und allein treffen kann. Vieles wird im Alleingang erledigt ohne andere um Hilfe bitten zu müssen oder zu wollen. Steht noch eine 0 hinter der eins, also die 10, wird dieser Effekt verstärkt.
  Die 1 als Hausnummer steht auch für einen Alleingang, aber eher im negativen Sinn, denn oftmals wohnen unter dieser Hausnummer Menschen allein, also ohne Partner. Wichtig zu wissen ist, dass alle negativen Wirkungen von Hausnummern zum Beispiel mit Hilfe von Feng Shui ausgeglichen werden können.

- Menschen mit der **Zahl 2** als Geburtszahl sind gegenüber denen mit der Quersumme 1 nicht sehr gut im Treffen von Entschei-

dungen. Hier werden später manche Entscheidungen bereut. Außerdem steht die 2 für die Ehrlichkeit und das Gericht, man muss also aufpassen, mit sich selbst und anderen nicht zu sehr ins Gericht zu gehen. Allerdings bedeutet diese Zahl auch die Zweisamkeit, wonach diese Menschen harmonisch miteinander leben.
Die Hausnummer 2 steht für Harmonie und auch wieder für Zweisamkeit, allerdings wird in diesem Haus kein ausgeprägtes Gesellschaftsleben mit anderen Menschen stattfinden, man bleibt eher unter sich.

- Wohingegen die **Zahl 3** für die Gesellschafter steht. Sie steht für Öffentlichkeit, Erfolg und gutes Gelingen bei geschäftlichen Vorhaben. Teamarbeit ist hier angesagt, aber auch eine sehr gute Führung von Gruppen. Außerdem sind es gute Lehrer.
  Menschen unter der Hausnummer 3 profitieren vom Gesellschaftsleben in ihrem Haus und vom Kennenlernen vieler Menschen.

- Die **Zahl 4** steht für Veränderungen und Abschlüsse, aber auch für ein erschwertes Leben, denn sie müssen für ihre Ziele viel Energie aufwenden, um etwas zu erreichen. Viele geben irgendwann auf, weil zu viele Steine ihren Weg behindern oder blockieren. Wichtig für 4er-Menschen ist, sich immer wieder positiv auszurichten und eine positive Grundhaltung zu bewahren. Allerdings sollte man dann nicht auch noch unter einer Hausnummer 4 wohnen, dies erschwert das Leben doppelt, und man hat das Gefühl, aus dem Kämpfen nicht mehr heraus zu kommen.
  Die Hausnummer 4 steht auch dafür, dass etwas zu Ende geht – auch im positiven Sinne.

- Die **Zahl 5** beschert ebenso ein mühseliges Leben, alles scheint nur schwer voranzugehen. Aber im Positiven steht die 5 für die Liebe.

In der Hausnummer 5 muss man ebenfalls mit vielen Schwierigkeiten rechnen. Verstärkt die 0 noch die 5, sollte man sehr gut aufpassen, denn hier kann sehr viel Chaos entstehen.

- Menschen mit der **Geburtszahl 6** sind voller Energie, kraft- und machtvoll. Sie können immer wieder Energie aus sich selbst hervorholen.
  Die Hausnummer 6 dagegen ist mit etwas Vorsicht zu genießen, weil hier die Gefahr besteht, in das Negative abzurutschen. Bleibt man im Umgang mit sich selbst und anderen aber fair und gerecht, besteht keine Gefahr.

- Die **Zahl 7** ist eine Glückszahl, hat aber dennoch das Potenzial wie bei der Zahl 1 und 2, eher zurückgezogen zu leben und von anderen abgeschnitten zu sein.
  Eine Hausnummer 7 dagegen führt zu Stagnation in allen Bereichen.

- Materielle und finanzielle Angelegenheiten bekommen durch die **Zahl 8** Schwung und Energie. Außerdem haben Menschen mit dieser Geburtszahl sehr viel Glück im Leben. Die Zahl 8 steht für die Fülle.
  So wird diese Zahl in asiatischen Ländern verehrt. Dort zahlt man für ein Haus, eine Wohnung oder ein Geschäft mit der Hausnummer 8 ein Mehrfaches wie für alle anderen Hausnummern.

- Menschen mit der **Zahl 9** sind permanent auf der Suche nach Herausforderungen, ihnen wird demzufolge nie langweilig. Sie klären in ihrem Leben aber auch viele alte Themen und bewältigen sie ausgezeichnet.
  So stehen für die Hausnummer 9 auch alte Themen, die aufgearbeitet werden möchten, was mitunter anstrengend sein kann.

- Hat man bei der **Quersumme eine 0**, wie zum Beispiel 10, 20 oder 30, werden die entsprechenden Eigenschaften verstärkt.

- Bei den Geburtszahlen bilden die **Zahlen 11 und 22** eine Ausnahme, hier wird keine Quersumme gebildet, sondern man belässt sie so. Es sind Meisterzahlen und bedeuten, dass diese Menschen fähig sind, in diesem Leben alles zu erledigen, was sie sich vorgenommen haben.

- **Doppelzahlen**, d.h. Meisterzahlen, als Hausnummer haben die gleiche Bedeutung wie bei den Geburtszahlen.

Wenn du jetzt mit Schrecken festgestellt hast, dass du unter einer Hausnummer lebst, die eher ungünstig ist, kannst du diese nicht nur mit Techniken aus dem Feng Shui ausgleichen, sondern auch, indem du im Haus an der Innenseite der Haustür einen Buchstaben anbringst, der die Hausnummer ausgleicht, vorausgesetzt, sie wird beim Herausgehen immer gut gesehen.

Nach dem Anbringen des Buchstabens dauert es etwa drei Wochen, bis sich die Schwingung verändert hat. Hast du zum Beispiel die Hausnummer 1, kannst du an der Innenseite den Buchstaben B, K oder R anbringen, die der Zahl 2 entspricht. In diesem Fall gleicht sich die Hausnummer zu einer 3 aus. Oder aber du möchtest gern eine andere Schwingung für das Haus erreichen, dann kann man entsprechend mit anderen Buchstaben ergänzen:

A = 1	J = 1	S = 3
B = 2	K = 2	T = 4
C = 3	L = 3	U = 6
D = 4	M = 4	V = 6
E = 5	N = 5	W = 6
F = 8	O = 7	X = 5
G = 3	P = 8	Y = 1
H = 5	Q = 1	Z = 7
I = 1	R = 2	

Wichtig zu beachten ist hierbei noch, dass, wenn man in einem Mehrfamilienhaus wohnt, die Etage hinzugefügt wird, zum Bespiel wird die Hausnummer 50, 2. Etage, zu einer 52 zusammengefasst und hat somit die Quersumme 7.

Ein sehr gutes Buch, welches ich zum Thema Numerologie empfehlen kann, ist von Penny McLean, *„Numerologie und Namen"*.

Feng Shui

Feng Shui, die Lehre vom energetisch ausgeglichenen Wohnen, ist keine einfache Sache, denn hier muss vieles beachtet und teilweise errechnet werden. Ich interessierte mich sehr dafür und las zahlreiche Bücher darüber, doch ich stellte fest, dass vieles sehr kompliziert dargestellt wird und sich teilweise auch widerspricht. Aus diesem Grund absolvierte ich eine komplette Feng-Shui-Ausbildung bei einem sehr guten Lehrmeister.

Obwohl es nicht einfach ist, diese Lehre in kurzer Form zu erklären, möchte ich dir dennoch einige Tipps an die Hand geben, damit du diese Technik kennenlernt und zumindest in Teilbereichen anwenden kannst, denn ein optimales Feng Shui in Wohnräumen optimiert immer den Energiefluss und ist eine sehr gute Ergänzung zu meinen energetischen Umstellungen.

Die Grundvoraussetzung für diese Arbeit ist der Grundriss deines Hauses oder der Wohnung, in der du lebst. Diesen Grundriss zeichne einfach auf ein Blatt Papier. Anschließend zeichnest du bitte ein Quadrat oder Rechteck um diesen Grundriss herum. Im Idealfall ist der Grundriss bereits quadratisch oder rechteckig, allerdings ist es oft so, dass man nun schon einen Fehlbereich erkennen kann, wie auf der folgenden Zeichnung.

Bei diesem Grundriss ist es so, dass ein Bereich des Feng-Shui-Rasters fehlt, weil die Wohnung nicht rechteckig ist, was bei vielen Häusern der Fall ist. Dort, wo der Bereich fehlt, ist oft ein Balkon, eine Terrasse, die Garage oder der Hof. Fehlt nun zum Beispiel der Bereich für die Partnerschaft wie auf dem obigen Raster, wird man in dieser Wohnung Probleme mit dem Partner bekommen oder Schwierigkeiten haben, überhaupt einen zu finden.

Sollte wie im obigen Beispiel ein Bereich fehlen, kann man diesen jedoch an einer anderen Stelle integrieren. Dazu legt man das Feng-Shui-Raster auf das Zimmer, welches man dafür ausgesucht hat und bei dem alle vier Ecken vorhanden sind. Man passt das Raster dabei nur entsprechend der Größe des Zimmers an. Dabei muss man darauf achten, dass der Partnerschaftsbereich in diesem Zimmer tatsächlich gut stabilisiert werden kann. Hierfür ist es notwendig, dass die hintere rechte Ecke (die für Partnerschaft) Wände im rechten Winkel von mindestens je 80 cm aufweisen – ohne Fenster oder Türen. Diese 80 x 80 cm große Ecke ist absolut wichtig, weil sie der Stabilität der Partnerschaft dient.

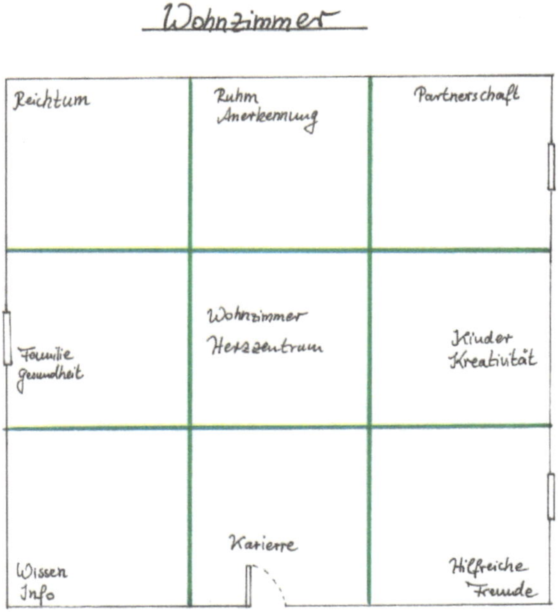

Wohnzimmer

Reichtum	Ruhm Anerkennung	Partnerschaft
Familie Gesundheit	Wohnzimmer Herzzentrum	Kinder Kreativität
Wissen Info	Kariere	Hilfreiche Freunde

In diesem Zimmer, hier als Beispiel das Wohnzimmer, könnte der fehlende Bereich des Hauses besonders hervorgehoben werden. Hierzu findet man im Internet oder in verschiedenen Büchern viele Anregungen, sicher ist dort für jeden Geschmack etwas dabei.

Man könnte in unserem obigen Beispiel ein Eckregal in die Partnerschafts-Ecke stellen und es mit Gegenständen füllen, die für uns selbst für die Partnerschaft stehen, vielleicht ein Liebespaar als Bild, ein Hochzeitsbild von einem selbst, oder zum Beispiel ein Herzmobilé an der Decke anbringen. Alles, was dir gefällt und dir positive Gedanken bezüglich des Themas Partnerschaft beschert, darf in diese Ecke. Wird diese Ecke zusätzlich noch beleuchtet oder angestrahlt, ist der Fehlbereich perfekt ausgeglichen.

Auf die gleiche Art gleicht man aus, wenn zum Beispiel die Reichtumsecke einen Fehlbereich aufweist. Hierbei sucht man sich genauso ein Zimmer, welches rechteckig oder quadratisch gebaut ist, diesmal aber mit den festen Wänden in der hinteren linken Ecke, welche für Reichtum steht. Auch hier gibt es verschiedenste Gegenstände, welche man mit diesem Thema in Verbindung bringt, wie Münzen, ein Geldmobilé, ein Buch zum Thema Geld oder, was sehr gute Wirkung hat, ist ein Geld- bzw. Glücksbaum – der sogenannte Crassula ovata.

Auf diese Art kann man mit den zum Thema passenden Utensilien jeden Fehlbereich in einem einzigen Raum aktivieren.

Es gibt zahlreiche Möglichkeiten, seinen Wohnbereich oder das ganze Haus nach Feng Shui auszurichten und den Energiefluss zu optimieren. Man kann sogar Umbauten vornehmen, um das Feng Shui zu verbessern. Aber auch mit Kleinigkeiten kann man schon sehr viel erreichen, was auch sehr schnell spürbar ist. So kann man in jedes Fenster einen Bergkristall hängen oder auf der Fensterbank aufstellen, genauso wie eine Pflanze. Diese sollte runde Blätter haben, was harmonisch wirkt und die hereinfließenden Energien in den Räumen hält. Zu beachten ist allerdings, dass hierbei ein Fenster in der Wohnung oder im Haus frei bleiben muss, damit negative und verbrauchte Energien dort abfließen können.

Viele bringen Bilder von Wasser oder Wasserbrunnen mit Feng Shui in Verbindung, was auch richtig ist. Ein Wasserbrunnen, an der richtigen Stelle platziert, kann die Energien für das Thema dieses Bereiches sehr erhöhen. Man sollte aber darauf achten, dass das Wasser auf dem Bild nicht wegfließt, sondern ein See zu sehen ist oder ein Wasserfall, bei welchem man sieht, wo sich das Wasser unterhalb sammelt. Auch bei einem Wasserbrunnen sollte man sehen können, wo das Wasser aufgefangen wird, das ist wichtig für den Energiefluss. Deshalb sollte man Wasserbrunnen vermeiden, bei welchen man das Wasser nur fließen sieht, weil es ausschließlich innerhalb des Brunnens aufgefangen wird.

Nachfolgend habe ich für dich noch eine Geschichte, die den folgenden Ratschlag unterstreicht. Mir ist wichtig, dir zu vermitteln, wie wichtig das Herzzentrum in einem Haus oder in einer Wohnung ist. Auf dem Feng-Shui-Raster kannst du es genau in der Mitte sehen, was heißt, dass es auch in jeder Wohnung, in jedem Haus oder Zimmer, in der Mitte zu finden ist. In diesem Bereich sollte zum Beispiel keine Treppe in ein oberes Stockwerk führen, dies könnte zu Herzproblemen bei den Bewohnern führen. Doch wenn dem so ist, und man weder die Möglichkeiten noch die Mittel hat, das Haus umzubauen, kann man auf andere Art Abhilfe schaffen.

Befindet sich eine Wand im Herzzentrum, kann man ein Bild von einem Herzen direkt aufmalen oder aufhängen und auch diesen Bereich wieder gut ausleuchten. Oder man stellt einen etwas größeren Bergkristall oder Ammoniten auf, den man auch beleuchten kann, was ebenfalls zu mehr Energie im Herzzentrum führt.

Doch nun zu der Geschichte, die ich mit einer meiner Klientinnen erlebt habe, um zu veranschaulichen, wie negativ sich ein Holzofen im Herzzentrum auswirkt:

Die Familie meiner Klientin, die in meiner Nähe wohnt, wollte ein Haus kaufen, weshalb sie mich bat, einmal mit in dieses neue Haus zu kommen, um zu schauen, wie es energetisch aufgestellt ist. Als erstes fiel mir direkt der Ofen in der Mitte des Hauses auf, und ich bekam umgehend die Information aus der geistigen Welt, dass bei den Vorbesitzern des Hauses alles zerbrochen war – die Ehe, das Verhältnis zu den Kindern und die Finanzen der Familie. Aus diesem Grund riet ich der Familie, dieses Haus besser nicht zu kaufen.

Weil meiner Klientin das Haus aber so gut gefiel und sie noch einen kleinen Funken Hoffnung in sich trug, dass der Ofen im Herzzentrum schon nicht so dramatische Folgen haben könnte, fragte sie sicherheitshalber ihren Makler, was denn mit den vorherigen Besitzern geschehen sei. Er erzählte ihr, dass sich diese hatten scheiden lassen und ihre Kinder sehr plötzlich aus dem Haus ausgezogen sind, weil es immer wieder zu Streitereien kam. Das Haus mussten sie verkaufen, weil sie wegen geschäftlicher Angelegenheiten finanziell ruiniert waren.

Die Familie hatte nun die Bestätigung und kaufte dieses Haus nicht, weil sie eigentlich gern einen Holzofen wollten, aber den in diesem Haus nicht hätten benutzen können.

Es gibt zahlreiche Tipps, wie man sich das Leben im Sinne von Feng Shui erleichtern kann. Wenn ich eine energetische Umstellung in Häusern oder Wohnungen durchführe, fließen diese auch immer mit in die Beratung ein.

Farbliche Veränderungen und entsprechende Dekorationselemente oder Bilder sorgen außerdem für mehr Energie der Bewohner. Ausgesucht werden diese nach den Elementen, welche sich nach dem Geburtsdatum richten, wie die folgende Tabelle zeigt. Im Anschluss findest du einen kleinen Überblick über die Farbzuordnungen. Man sollte aber nicht alles in der einen Farbe streichen, die zu einem passt, sondern auch andere Farben verwenden, zum Beispiel Akzente setzen. Hier kann man sich auch von seinem Gefühl leiten lassen, welche anderen Farben einem ebenfalls gut tun.

Der chin. Mondkalender von 1970 - 2039

06.02.1970 Metall Hund	16.02.1980 Metall Affe	27.01.1990 Metall Pferd	05.02.2000 Metall Drache	14.02.2010 Metall Tiger	25.01.2020 Metall Ratte	03.02.2030 Metall Hund
27.01.1971 Metall Schwein	05.02.1981 Metall Hahn	15.02.1991 Metall Schaf	24.01.2001 Metall Schlange	03.02.2011 Metall Hase	12.02.2021 Metall Ochse	23.01.2031 Metall Schwein
15.02.1972 Wasser Ratte	25.01.1982 Wasser Hund	04.02.1992 Wasser Affe	12.02.2002 Wasser Pferd	23.01.2012 Wasser Drache	01.02.2022 Wasser Tiger	11.02.2032 Wasser Ratte
03.02.1973 Wasser Ochse	13.02.1983 Wasser Schwein	23.01.1993 Wasser Hahn	01.02.2003 Wasser Schaf	10.02.2013 Wasser Schlange	22.01.2023 Wasser Hase	31.01.2033 Wasser Ochse
23.01.1974 Holz Tiger	02.02.1984 Holz Ratte	10.02.1994 Holz Hund	22.01.2004 Holz Affe	31.01.2014 Holz Pferd	10.02.2024 Hoz Drache	19.02.2034 Holz Tiger
11.02.1975 Holz Hase	20.02.1985 Holz Ochse	31.01.1995 Holz Schwein	09.02.2005 Holz Hahn	19.02.2015 Holz Schaf	29.01.2025 Holz Schlange	08.02.2035 Holz Hase
31.01.1976 Feuer Drache	09.02.1986 Feuer Tiger	19.02.1996 Feuer Ratte	29.01.2006 Feuer Hund	08.02.2016 Feuer Affe	17.02.2026 Feuer Pferd	28.01.2036 Feuer Drache
18.02.1977 Feuer Schlange	29.01.1987 Feuer Hase	07.02.1997 Feuer Ochse	18.02.2007 Feuer Schwein	28.01.2017 Feuer Hahn	06.02.2027 Feuer Schaf	15.02.2037 Feuer Schlange
07.02.1978 Erde Pferd	17.02.1988 Erde Drache	28.01.1998 Erde Tiger	07.02.2008 Erde Ratte	16.02.2018 Erde Hund	26.01.2028 Erde Affe	04.02.2038 Erde Pferd
28.01.1979 Erde Schaf	06.02.1989 Erde Schlange	16.02.1999 Erde Hase	26.01.2009 Erde Ochse	05.02.2019 Erde Schwein	13.02.2029 Erde Hahn	24.01.2039 Erde Schaf

Element Holz: die Farben Braun und Grün, Bäume und Pflanzen, Landschaftsbilder, Holzmöbel

Element Feuer: alle Rottöne, Dreiecke, Kerzen, Lichter, Feuer- und Sonnenbilder

Element Erde: die Farben Gelb, Orange, Braun, Terrakotta, Zement, Ziegel, Ton, Steine

Element Metall: die Farben Weiß, Silber, Gold, Grau, Metallelemente, Gegenstände aus Edelstahl, runde Formen

Element Wasser: die Farben Blau und Schwarz, Wasserbrunnen, Wasserbilder

Ist man zum Beispiel ein Wasserelement, sollte die Farbe Blau in zumindest einem Raum vorherrschend sein. Hinzu kommen entweder farbliche Akzente für alle anderen Elemente oder Gegenstände, wie ein kleiner Metallgegenstand, etwas in der Farbe Rot und Braun oder ein Gegenstand aus Holz. Somit sind in einem Raum alle Elemente ausgeglichen, nur das Wasserelement – in diesem Fall – dominiert.

Ich hoffe, ich konnte dir einen kleinen Einblick in die Lehre des Feng Shui geben, zumindest was den Ausgleich der Fehlbereiche angeht. Wessen Interesse nun geweckt ist und wer gern in seinem Wohnbereich mehr für diesen Energiefluss tun möchte, kann sich an einen Feng-Shui-Meister wenden oder vielleicht sogar – so wie ich damals – selbst diese Kunst erlernen.

Einen Kraftort erschaffen

Kraftorte gibt es überall auf der Welt, manchmal sind es sehr bekannte und große wie die Pyramiden in Ägypten, Stonehenge in Großbritannien oder die Externsteine in Deutschland. Es gibt aber auch sehr kraftvolle Orte, die weniger bekannt sind und eher unscheinbar.

Wenn ich bei einer Frequenzerhöhung in Wohnungen und Häusern beziehungsweise bei Energieumstellungen merke, dass hier die Energien nicht sehr kraftvoll fließen, weil das Haus zum Beispiel auf einem energetisch eher ungünstigen Platz steht, kreiere ich dort einen Kraftort, damit die Bewohner immer gut mit Energien versorgt sind.

Aber auch du kannst mit etwas Vorstellungskraft einen Kraftort für dich selbst erschaffen:

Suche dir eine Stelle auf deinem Grundstück oder in deinem Haus aus, auf welcher der Kraftort entstehen soll. Ich denke, es versteht sich von selbst, ihn nicht gerade im Schlafzimmer zu erschaffen. ☺

Wenn du den Ort geistig ausgesucht hast, stell dir vor beziehungsweise visualisiere, dass du dort ein ganz tiefes geistiges Loch gräbst, welches bis tief in das Erdreich langt, gern bis zum Mittelpunkt der Erde. Dieses Loch sieht, wenn es fertig ist, wie ein großer Trichter aus, mit der Öffnung nach oben.

In Gedanken lenke nun das Licht bis zum Ende des Loches nach unten. Lasse es hell und kraftvoll hineinfließen.
Nach einer Weile drehst du die Fließrichtung des Lichtes um und lässt es von unten nach oben strahlen.

Bitte nun die geistige Welt, dir ein göttliches Zeichen am Ende des Loches unten in der Erde zu setzen, damit das Licht und die Kraft dauerhaft fließen können. Wenn du hier nicht sehen kannst, welches Symbol gesetzt wird, kannst du dir dort auch die Blume des Lebens vorstellen, welche hierfür ein kraftvolles Symbol darstellt.

Bedanke dich nun bei der geistigen Welt für die Hilfe, dass das Licht und die Kraft nun dauerhaft fließen.

Bitte erschaffe dir aber höchstens zwei Kraftfelder auf dem gesamten Grundstück einschließlich des Hauses, sonst wäre es viel zu viel Energie, die dir eher schaden als nützen kann.

Meditation: Balance wiederherstellen

Erst einmal möchte ich dir ein paar Worte zur Meditation im Allgemeinen an die Hand geben, denn ich weiß aus zahlreichen Gesprächen mit Klienten, dass viele Probleme haben, sich in eine entspannte Meditationshaltung zu begeben, was oft daher rührt, dass sie in diesem Moment viel zu viel erwarten. Der Trick ist aber, nichts zu erwarten, sondern mit der Absicht in eine Meditation zu gehen, einfach zur Ruhe zu kommen – ohne Gedanken an den Alltag, ohne Sorgen um sich selbst oder die Familie oder den Job. Meditieren heißt demnach eben nicht, sich konzentrieren zu müssen, sondern loszulassen und dabei geduldig mit sich selbst zu sein. Dies erfordert oft etwas Übung, aber je öfter man es praktiziert, umso schneller kommt man in eine wohltuende Ruhe.

Ruhige Meditationsmusik, welche man für sich selbst ausgewählt hat, hilft dabei, in eine entspannte körperliche und geistige Haltung zu gelangen. Man sollte dabei für äußerliche Ruhe sorgen, damit man ungestört ist und eine bequeme körperliche Haltung einnehmen kann. Dabei ist es egal, ob man bequem sitzt oder liegt. Es kommt sowieso oft vor, dass man in der Entspannung einschläft, was aber auch völlig in Ordnung ist. Auch hierbei sollte man sich nicht unter Druck setzen. Nach einem entspannten Schlaf kann man die Meditationsübung ja immer noch machen. Es ist ebenso sehr hilfreich, wenn man auf seine Atmung achtet, dabei sollte man tief ein- und ausatmen – am besten in den Bauch hinein, sodass dieser sich spür- und sichtbar hebt und senkt. Auch das ist für viele Menschen ungewohnt und erst einmal reine Übungssache.

Wenn man dann entspannt atmet, lässt man die Gedanken, die noch kommen, vorüberziehen. Du kannst dir bildlich vorstellen, diese auf schöne weiße Wolken zu setzen, die vorüberziehen und alle Sorgen und Gedanken mit sich nehmen. Aber auch hier bitte nicht in Stress geraten, wenn dennoch zwischendurch wieder Gedanken hochkommen möchten. Diese dürfen ebenfalls auf den Wolken wegziehen. Hast du diesen entspannten Zustand erreicht – ohne einzuschlafen ☺ –, kannst du danach die gewünschten Meditationsübungen durchführen. Mit einiger Übung wirst du immer schneller in einen ruhigen Zustand kommen und merken, dass du dadurch sicherer wirst im Empfangen von geistigen Botschaften, im Visualisieren und im Ausführen von bestimmten Übungen.

Bei der folgenden Meditation geht es nun darum, die Balance zwischen unserer positiven und negativen Seite wiederherzustellen. Es geht um all die positiven Gedanken und Ausrichtungen, die man in sich trägt, sowie um negative Einstellungen, die oftmals durch ein niedriges Selbstwertgefühl entstanden sind, woraus wiederum Neid, Missgunst oder Hass entstehen kann. Man sollte diese negativen Gedanken, Gefühle und Lebenseinstellungen akzeptieren, damit man sie ehrlich betrachten kann, denn nur so kann man sie erfolgreich bearbeiten und sogar schon mit der folgenden kleinen Übung ausgleichen:

Begib dich in Meditation wie bereits beschrieben, dabei zeigen deine beiden Handflächen nach oben. Nun visualisierst du in deiner rechten Hand eine schwarze Puppe und in deiner linken Hand eine weiße. Wir Menschen neigen dazu, vieles in Schwarz und Weiß einzuteilen, deshalb stehen diese Puppen sinnbildlich für das Negative und das Positive und haben nichts mit der Hautfarbe zu tun, denn beide Puppen verkörpern dich selbst und deine Ausrichtung.

Spüre nun, welche Puppe am meisten wiegt oder auch größer ist. Stell dir nun vor, dass beide Puppen gleich groß werden, was eine Weile dauern kann, denn dabei werden durch die geistige Welt auch Ablösungen der negativen Energien und Blockaden stattfinden.

Wenn du das Gefühl hast, dass beide Puppen gleich groß sind, stelle dir vor, wie sich beide Puppen in deinem Herzzentrum vereinen. Gern kannst du auch beide Handflächen mit den Puppen dorthin führen und die Hände eine Weile dort liegen lassen.

Gib dir nun noch eine Weile Zeit und komme langsam zurück in das Hier und Jetzt.

Die Schubladentechnik

Vieles, was wir in unserem Leben erlernt oder von anderen übernommen haben – sei es bewusst oder unbewusst –, speichern wir als Glaubenssätze, Glaubensmuster, Programme, Prägungen, Verhaltensmuster, etc. ab. Vieles davon gehört längst nicht mehr zu uns, ist überholt, dient uns nicht länger und hemmt uns nur im Vorwärtskommen.

Um dies abzulösen, kann man die folgende Übung machen:

Begib dich in eine Meditation und visualisiere einen großen Schrank mit vielen kleinen Schubladen. Lege nun ein Thema fest – zum Beispiel Partnerschaft, Finanzen oder Ängste.

Nun bittest du deinen Engel, dir zu diesem Thema die Schublade zu öffnen, die destruktiv wirkt – wo eben genau diese alten Muster oder Glaubenssätze abgespeichert sind.
In dieser Schublade liegt ein Zettel, den du nun herausnimmst. Vielleicht kannst du erkennen, was darauf steht oder bekommst eine Eingebung, was es sein könnte. Aber auch, wenn dies nicht geschieht, sei dir sicher, dass dies der Zettel mit den Negativmustern ist.
Vielleicht kannst du nun visualisieren, wie die Schrift darauf verschwindet, oder du bittest einfach den dafür zuständigen Engel, alles, was auf dem Zettel steht und in der Schublade gespeichert ist, zu löschen.
Wenn dies geschehen ist, kannst du auf diesen oder einen neuen Zettel etwas Positives zu dem gewünschten Thema schreiben, zum Beispiel zum Thema Gesundheit die Affirmationen *„Ich bin gesund.“*, *„Ich verdiene es, gesund zu sein.“*, *„Jeden Tag bin ich gesünder und vitaler.“*.

Bedanke dich bei deinem Engel für seine Hilfe und vertraue, dass sich alles so regeln wird, wie es von Gott gewollt und somit für dich optimal ist.

Kinder
Partnerschaft
Familie
Fülle
Finanzen
Karriere
Gesundheit

Das innere Kind

Wir alle tragen Verletzungen unseres inneren Kindes in uns, welche im Erwachsenenalter durch unsere Pflichten für die Familie und im Beruf vernachlässigt werden.

Doch gerade in der heutigen Zeit, in der manches sehr schwer auf uns lastet und die von Zukunftsängsten überschattet ist, ist es wichtig, sich auf sein inneres Kind zu besinnen und wieder die Unbeschwertheit, die Sorglosigkeit, die Leichtigkeit und den Optimismus für das Leben zu integrieren beziehungsweise wiederzuerwecken.

Hierbei hilft dir die folgende Meditation:

Wenn du, wie zuvor beschrieben, in der Meditation entspannt bist und bereit, stelle dir eine wunderschöne Treppe vor, die sich vor deinem geistigen Auge aufbaut.
Auf dieser Treppe kommt dir ein Engel entgegen, nimmt dich bei der Hand und führt dich die Stufen hinauf. Stufe für Stufe wirst du leichter, weil die Lasten des Lebens, die du nicht mehr benötigst, von dir abfallen, und du fühlst mehr und mehr eine wunderbare Leichtigkeit.
Je höher du mit deinem Engel schreitest, umso wohler fühlst du dich. Wenn ihr oben angekommen seid, fällt dein Blick auf ein wunderschönes Schiff in den tollsten Farben. Die Luft ist ganz klar, frisch und sehr rein.
Nun begibst du dich mit deinem Engel auf dieses Schiff und genießt die Fahrt über das Meer. Du stehst an der Reling, der Wind weht angenehm um dich herum und erfrischt dich mehr und mehr.
Delfine und Wale begleiten das Schiff, was dich und dein Herz sehr erfreut. Und wenn du nach oben schaust, siehst du Vögel über dem Schiff, die euch begleiten und in den tollsten Farben schimmern. Auch andere Engel sind als deine Begleiter auf dem Schiff, und du fühlst dich wunderbar geborgen. Genieße diesen Moment, bis du bereit bist, wieder an Land zu gehen.

Denn dann siehst du, dass das Schiff das Ziel erreicht hat. Wieder nimmt dein Engel dich an der Hand und führt dich hinunter von dem Schiff zu einer wunderschönen Wiese. Die Luft hat sich wieder etwas verändert und riecht nach frischem Gras und duftenden Blumen – ganz rein und klar.
Nun kommt über diese Wiese dein inneres Kind auf dich zugerannt – fröhlich und ausgelassen. Rede mit ihm, höre, was es dir zu sagen hat, nimm es in den Arm, spiele, renne oder tolle mit ihm auf der Wiese umher – so lange, bis du bereit bist für die Heimreise.

Bist du bereit, dann verabschiede dich von deinem inneren Kind und tritt gemeinsam mit dem Engel die Rückreise an, dabei fühle den Frieden in dir.
Wenn ihr mit dem Schiff angekommen seid, lass Dich von deinem Engel die Treppe wieder hinunterführen und komme langsam zurück in das Hier und Jetzt.

Gern kannst du noch eine Weile das Erlebte genießen und die Leichtigkeit in dir spüren und mit in deinen Alltag nehmen.

Diese Übung kannst du, so oft du möchtest, wiederholen, dein inneres Kind wird sehr darüber freuen…

Sonnenmeditation

Viele Menschen leben mit einem Partner zusammen, der nicht zu ihnen passt. Dies kann schon seit Beginn der Beziehung so gewesen sein, oder man hat sich mit den Jahren auseinandergelebt oder in unterschiedliche Richtungen entwickelt. Eine Trennung kommt für viele dennoch nicht in Frage, weil die Angst vor dem Alleinsein und die gegenseitigen Abhängigkeiten zu groß sind, oder auch, weil man Angst vor den finanziellen Belastungen hat, die sich aus einer Trennung ergeben können. Es kann aber auch sein, dass man den Partner noch liebt und eine Chance sieht, dass sich alles zum Guten wendet oder zumindest besser wird.

Wenn du dich in einer solchen Lage befindest, habe ich eine schöne Übung für dich, die Erleichterung und Harmonie bringen kann und mit welcher einige meiner Klienten schon Erfolge hatten und sich alles doch noch zum Guten gewendet hat:

Du kannst dich, wenn die Sonne scheint, direkt in die Sonne stellen und die Sonnenstrahlen ein paar Mal tief einatmen (oder du stellst dir einfach vor, wie du im hellen Sonnenlicht stehst und dieses Licht in dich aufnimmst). Nun stelle dir vor, dass die Sonne mit ihrer wunderbaren Strahlkraft in dir selbst aus deinem Solarplexus heraus strahlt. Sie strahlt in alle Richtungen, nach vorne, nach hinten und seitlich aus dir heraus. So erhellst du alles um dich herum in einem Umkreis von mindestens zehn Metern. Genieße eine Weile dieses wärmende Licht und richte dann dieses Licht auf den Menschen, den du ebenfalls auf einen lichtvollen Weg einladen möchtest.

Bitte ihn, in dieses Licht einzutreten, um mit dir einen positiven Weg einzuschlagen. Bedenke dabei aber, dass dies nur eine Einladung darstellt, stülpe niemanden dieses Licht einfach über. Vielleicht bedarf es mehrerer Anläufe, bis der andere das Licht annehmen kann, weil er noch in alten Mustern oder Energien verhaftet ist. Akzeptiere aber bitte auch, wenn der andere diesen Weg ablehnt. Dennoch wirst du mit diesem Licht dein Umfeld spürbar erhellen.

Wenn du fertig bist, bedanke Dich bei der Sonne und dem Licht, dass sie so wunderbar in und für Dich arbeiten.

Diese Technik kann man mit allen Menschen praktizieren, weil man ihnen damit nichts ungefragt überstülpt oder aufdrängt, sondern ihnen nur ein Angebot macht.

Der Silberstrahl

In diesem Kapitel geht es um die Wirkung des Silberstrahls, welche sehr kraftvoll ist. Richtig eingesetzt, kann man hiermit vieles ins Positive umkehren, jedoch birgt die Anwendung auch Gefahren. Leider wird dies in vielen Büchern, die die Anwendung des Silberstrahls empfehlen, nicht beschrieben. Aufmerksam wurde ich, weil ich zahlreiche Klienten hatte, die mit dem Silberstrahl gearbeitet hatten und danach mit den negativen Folgen zu mir kamen.

Die Geschichte von einer Klientin möchte ich dir an dieser Stelle nicht vorenthalten, weil ich hier erstmals die fatalen Folgen einer falschen Silberstrahl-Anwendung von der geistigen Welt gezeigt bekam. Diese Klientin, nennen wir sie Margit, kam in einem sehr schlechten Zustand zu mir und bat mich um Hilfe. Zu diesem Zeitpunkt war sie schon länger krankgeschrieben, doch die Ärzte wussten nicht, ob sie in einem Burnout steckte oder ob sie es mit einer beginnenden Demenz zu tun hatte. Sie fuhr schon länger kein Auto mehr und ging auch nicht mehr allein zum Einkaufen. Nicht, weil sie Angst hatte, sondern weil sie einfach nicht mehr wusste, wie es geht. So absurd es sich anhören mag, aber sie hatte tatsächlich komplett vergessen, wie man Auto fährt, wie man es bedient und wie man sich im Straßenverkehr verhält. Dies galt auch für Strecken, die sie zu Fuß zurücklegte. Für sie waren plötzlich Fußgängerampeln genauso fremd wie Zebrastreifen, was im Alltag schon manche gefährliche Situation provoziert hatte. Ebenso hatte sie vergessen, wie man einkauft – wie man bezahlt und was genau man für einen Haushalt braucht.

Als sie zu mir kam, war sie tatsächlich ein ganz trauriges Bündel Mensch, das nicht wusste, wie es weitergehen sollte.

Was ich sofort sah und womit ich sie direkt beruhigen konnte, war die Tatsache, dass sie nicht körperlich krank war – weder Demenz noch einen Burnout konnte ich bei ihr sehen. Ich bekam allerdings von meinen geistigen Helfern ein Bild gesendet. Ich sah eine Frau, welche Margit direkt nach meiner Beschreibung als ihre Freundin erkannte. Ich sah weiterhin, wie diese Frau einen kraftvollen Silberstrahl direkt in den Solarplexus von Margit gesendet hatte.

Um nun letzte Zweifel zu zerstreuen, rief Margit ihre Freundin an und fragte sie direkt und frei heraus, ob dem so sei. Ich nahm Margits Freundin nicht als negativ wahr, so wunderte ich mich nicht, als diese sagte, sie hätte über den Silberstrahl im Internet gelesen und wollte Margit damit doch nur etwas Gutes tun. Sie war sehr traurig, als sie hörte, dass sie den Silberstrahl so nicht hätte anwenden dürfen.

Dieses kraftvolle silberne Licht strahlte auch immer noch in den Solarplexus von Margit, was ich sehr deutlich sehen konnte. Des Weiteren wurde mir gezeigt, dass dieser Strahl über den Solarplexus alles Mögliche aus ihrem Unterbewusstsein löschte. So vergaß sie mit der Zeit Verrichtungen des täglichen Lebens wie Auto fahren oder Einkaufen gehen, den Umgang mit Geld, die Führung des Haushaltes und so weiter.

Energetisch-geistig stoppte ich diesen Prozess nun, indem ich den Strahl vorsichtig aus ihrem Solarplexus zog und umleitete. Dann bat ich Erzengel Michael, diesen Strahl ganz zu stoppen und unschädlich zu machen, was er auch tat.

Anschließend habe ich Gott und die geistige Welt gebeten, Margits Unterbewusstsein mit allen lebensnotwendigen Programmen wiederherzustellen. Dies machte ich drei Wochen lang täglich, bis sich meine Klientin wieder komplett erholt und gewissermaßen erneuert hatte. Auch musste ich viele Ängste von ihr ablösen, die sich in der Zwischenzeit verständlicherweise aufgebaut hatten. Seit dieser Zeit lebt sie wieder ganz normal und gesund und bewältigt wie zuvor ihren Alltag. Diese Geschichte zeigt sehr, dass man energetisch-geistige Arbeit mit Demut, Respekt und Hingabe machen sollte.

Mich ließ diese Begebenheit lange Zeit nicht los, und ich recherchierte in Büchern und im Internet, was es an Wissenswertem zu dem Silberstrahl gibt. Das einzige, bei dem ich sagen kann, dass es der richtige Umgang damit ist, fand ich in dem Buch von Reindjen Anselmi *„Der Lichtkörper – ein Überblick über den globalen Transmutationsprozess“*.

Wenn du mit dieser Technik arbeiten möchtest, bitte ich dich, vorher immer mit der Urquelle in Verbindung zu treten, und bevor du zu arbeiten anfängst, den Satz zu sprechen: „Wenn Gott es will, und wenn für mich (oder jemand anderen) die Zeit gekommen ist.“ Damit gibt man die Angelegenheit in Gottes Hände und kann nicht durch das eigene Ego etwas bestimmen, was nicht gewünscht ist.

Reindjen Anselmi schreibt in ihrer Anrufung „Grace“, man möge bitte immer nur ein einziges Thema zur Auflösung bringen, welches man vorher benennt. Dabei bittet man den Elohim, die rechte Hand Gottes, um Mithilfe. Nachfolgend möchte ich die entsprechende Anrufung aus dem oben erwähnten Buch zitieren, die man dreimal hintereinander sprechen sollte. Dabei stellt man sich vor, wie ein weißsilberner Strahl durch das Scheitelchakra in alle Chakren fließt:

„Ich bitte die Elohim
des Silbernen Strahls,
Göttliche Gnade durch meine Körper
fließen zu lassen.

Ich bitte die Elohim
des Silbernen Strahls,
alle karmischen Muster und
alle Nischen des Grolls aufzulösen,
damit ich Freude erlebe.

Ich bitte die Elohims der Gnade,
mich mit Vergebung zu erfüllen,
mein Leben mit Dankbarkeit zu erfüllen
und mein Herz frohlocken zu lassen.
Ich bitte die Elohims des Silbernen Strahls,
meine unwichtigen Bindungen zu lösen,
meine Fesseln des Hasses zu brechen
und meine Seele zu befreien.

Ich bitte die Elohims der Gnade,
mich mit Lebensfreude zu erfüllen –

JETZT"

Wenn du das Gefühl hast, dass der Strahl erlischt und nicht mehr fließt, bedanke dich bei der geistigen Welt, evtl. mit einem kleinen Gebet.

Erste Hilfe bei einem Geist

Wie du bereits weißt, ist eines meiner Haupttätigkeitsgebiete die dauerhafte Energieumstellung in Häusern. Wird diese Umstellung von mir gewünscht, kann es allerdings bis zur Durchführung eine Weile dauern. Das liegt zum einen daran, dass es manchmal einfach zu viele Aufträge sind und allein deshalb eine Wartezeit entsteht. Zum anderen ist es so, dass ich diese und andere Energiearbeiten weder an Voll- noch an Neumond ausführe. Nicht, weil ich Angst vor dem Vollmond habe, wie ich oft gefragt werde. Angst würde nur unnötig Türen zum Negativen öffnen, aber ich respektiere die Energien, die an diesen Tagen herrschen, und welche weitläufig ausgestrahlt werden. Dabei handelt es sich über das Jahr verteilt um verschiedene Themen, die von diesen Mondphasen angesprochen werden, wie zum Beispiel Partnerschaft, Gesundheit oder Erfolg.

Damit sich diese Energien nicht kreuzen oder sich gegenseitig beeinflussen, wurde mir aus der geistigen Welt gezeigt, wie ich die für eine Energieumstellung richtige Zeit berechne, so können die Energien freier und schneller fließen, und die Energiearbeit ist wesentlich effektiver.

Ich gebe jedoch meinen Klienten immer die folgenden Tipps, um die Zeit bis zur Energieumstellung gut zu überbrücken, falls sich Geistwesen und sehr negative Energien in ihrem Heim befinden: Meersalz, am besten aus dem Toten Meer, verteilt man, wenn möglich, im ganzen Haus oder in der ganzen Wohnung auf dem Boden und lässt es über Nacht einfach so liegen. Am anderen Morgen wird alles Salz, welches nun sämtliche Negativität aufgenommen hat, zusammengekehrt und außerhalb des Wohnbereiches entsorgt. Wird ein Staubsauger verwendet, bitte den Beutel direkt entsorgen, und auch beutellose Staubsauger bitte direkt entleeren.

Eine weitere Möglichkeit ist, vier Gläser oder Tassen mit Meersalz halbvoll zu füllen und mit klarem Wasser aufzufüllen. Diese Gläser stellt man in die vier Ecken des gesamten Wohnbereiches. Man braucht demnach nicht in allen Zimmern vier Gläser aufzustellen, was sehr aufwendig wäre. Eine Woche lang bleiben diese Gläser nun stehen und werden immer wieder mit Wasser aufgefüllt. Anschließend entsorgt man alles, denn nun hat die salzhaltige Lösung sehr viel Negativität aufgesaugt beziehungsweise negative Geister vertrieben, weil diese kein Meersalz-Wasser mögen. Bei Bedarf kann dies öfter wiederholt werden.

Ebenso ist Räucherwerk ein guter Helfer, um negative Energien zu vertreiben. Allerdings sind die hier vorgestellten Methoden nur vorübergehend wirksam, da sich gerade Geister an diese Substanzen gewöhnen können. Sie verschwinden dann zwar für eine Weile, kommen aber meist schnell wieder zurück. Ich selbst habe einmal gesehen, wie sich zwei Geister in einer Wohnung beim Räuchern fest gegen eine Wand gedrückt haben, sich aber nach dem Lüften der Wohnung wieder frei darin bewegt konnten. So halten auch aufgestellte Schälchen, gefüllt mit ganz reinem Rosenöl ohne chemische Zusätze, die Geister nur eine Weile davon ab, in den Wohnräumen ihr Unwesen zu treiben.

Weiterhin kannst du die sogenannte „violette Flamme“ visualisieren, welche durch den gesamten Wohnraum „brennt“ und alles Negative transformiert. Bevor du jedoch im nächsten Kapitel Näheres über den Einsatz der violetten Flamme erfährst, möchte ich dir noch beschreiben, dass die dauerhafte Energieumstellung, die mir direkt von der geistigen Welt vermittelt wurde, insgesamt 17 verschiedene Rituale umfasst, die nacheinander an drei aufeinander folgenden Tagen durchgeführt werden. Erst dann ist der Wohnraum von allen negativen Energien gereinigt. Außerdem entsteht dabei ein sehr starkes Schutzfeld, welches ebenso dauerhaft wirkt.

Energetische Reinigung mit der violetten Flamme

Mit der violetten Flamme kann man nicht nur Wohnräume, sondern auch sich selbst reinigen. Es ist ein Reinigungsritual, welches uns sehr gut von negativen Energien, Fremdenergien und negativen Gedanken reinigen kann. Diese Energien nehmen wir auf, wenn wir selbst einmal nicht in unserer Mitte sind, meist in Kontakt mit anderen Menschen oder an stark negativ schwingenden Plätzen. Das kann am Arbeitsplatz genauso passieren wie in der Freizeit beim Einkaufen oder im geselligen Kontakt mit anderen, denn leider gibt es auf dieser Welt noch viel zu viel Neid, Hass, Missgunst und Gier.

Bemerken kann man eine Überlastung mit negativen Energien, wenn sich bei einem selbst trübe, negative oder destruktive Gedanken breit machen, die auf uns fremd wirken. Wir wissen dann oftmals gar nicht, warum wir plötzlich so negativ denken oder depressiv sind. Zu den negativen Energien gehören aber auch all jene für uns unsichtbaren Informationen, die uns dank kabelloser Technik permanent durchdringen. Hierzu gehören auch WLAN-Anschlüsse und die verschiedenen Funknetze, vor allem das sich nun immer weiter ausdehnende 5G-Netz für den Mobilfunk. Weiterhin sind in der heutigen Zeit ganz allgemein niedrigschwingende Energien unterwegs, die uns sehr schaden können.

Oftmals lassen wir uns allerdings von dieser Negativität anstecken, regen uns über vieles auf, haben unseren Fokus dadurch selbst auf dem Negativen oder sehen nicht den eigenen negativen Anteil in uns selbst, der diese Energien in unser Feld zieht.

Abhilfe schafft hier die violette Flamme, die man wie folgt einsetzen kann:

Gehe wie beschrieben in eine Meditation und stelle dir vor, dass du an einem wunderschönen Strand stehst. Diesen Ort kannst du dir nach Belieben selbst gestalten, du kann festlegen, ob Wind weht, ob er kühl oder warm ist, ob die Sonne auf- oder untergeht und so weiter.

Wenn du dir einmal diesen Ort kreiert hast, kannst du ihn beim nächsten Mal umso schneller visualisieren. Natürlich kannst du ihn auch jederzeit verändern oder ganz neu gestalten.

Wenn du merkst, dass für dich an diesem Strand alles stimmig ist und du innerlich zur Ruhe gekommen bist, stelle dir im Sand ein Lagerfeuer vor. Dieses brennt nicht in den Farben gelb/orange, sondern violett. Diese Flamme ist nicht heiß, sie ist sehr angenehm und lodert sachte, weshalb du auch keinerlei Bedenken hast, dich mitten hineinzustellen. Die violetten Flammen lodern angenehm wohltuend um dich herum, bis sie größer sind als du und dich ganz umhüllen.
Bitte nun Erzengel Zadkiel, den Hüter der violetten Flamme, all das zu entfernen, zu neutralisieren oder zu transformieren, was nicht zu dir und zu deinem Lebensplan gehört.
Bleibe so lange in dieser violetten Flamme stehen, bis du das Gefühl hast, dass alles, was dir nicht dienlich ist, abgelöst ist.
Du kannst auch mit der violetten Flamme vereinbaren, dass sie erlischt, wenn alles bereinigt ist. Somit kannst du sicher sein, dass der Prozess wirklich beendet ist.

Schaue dich abschließend nochmals an diesem Strand um, bedanke dich bei Erzengel Zadkiel und komme zurück ins Hier und Jetzt.

Wenn man noch nicht so geübt ist im Visualisieren und Probleme hat, zu meditieren, kann man sich selbst genauso wie die Wohnräume mit Meersalz reinigen, indem man darin badet. Das Salz entzieht uns während des Bades genauso die negativen Energien, manche empfinden dies als sehr angenehm und effektiv. Ich persönlich nehme jedoch eine Reinigung mit der violetten Flamme als intensiver und länger anhaltend wahr. Auch hier sollte man auf sein eigenes inneres Gespür hören und die Variante wählen, die einem selbst gut tut.

Ist man im Visualisieren schon etwas geübter, kann man die violette Flamme auch für eine Wohnungsreinigung anwenden. Hierbei lässt man sie durch die ganze Wohnung oder das ganze Haus und Grundstück lodern, und zwar so, dass wirklich alle Wände und Möbel durchlodert werden. Hier bittet man ebenso Erzengel Zadkiel, alles Negative zu entfernen, zu transformieren oder zu neutralisieren und bedankt sich anschließend bei ihm.

Aus Erfahrungsberichten von meinen Klienten hält diese Reinigung im Wohnbereich für etwa zwei Tage an. Hartnäckige negative Geister oder erdgebundene Seelen kommen nach meinen Erfahrungen leider wieder zurück.

Über Spiegel …

Vorab möchte ich zum Thema Spiegel darauf hinweisen, dass nicht alles, was uns Negatives im Außen begegnet, auch tatsächlich negative Angriffe sind. Meistens ist das Gegenteil der Fall, weil es mit uns selbst zu tun hat, mit dem, was in unserem Inneren ist. Egal ob Karma, alte Muster, Programme oder Einstellungen zum Leben – alles wird uns im Kontakt mit anderen gespiegelt. Wir sollten uns deshalb in jeder unangenehmen Situation fragen, was es mit uns selbst zu tun hat.

Rege ich mich über das Verhalten meines Gegenübers vielleicht nur deshalb auf, weil ich genauso bin und diesen Teil von mir ablehne? Oder habe ich selbst schon einmal den gleichen Fehler wie mein Gegenüber begangen und verurteile ihn, weil ich auch mich dafür insgeheim verurteile?

Diese Situationen und das nachfolgende Auseinandersetzen mit uns selbst bringen uns Klarheit. So können wir diese Anteile in uns selbst erkennen und ablösen – sei es durch inneres Vergeben wie auf Seite 19 beschrieben oder durch das Verändern unserer negativen Verhaltensweisen.

Mit Hilfe der Spiegelpyramiden-Technik, die ich gleich beschreibe, kann man sich aber vor energetischen Angriffen von außen und somit vor negativen Energien schützen, allerdings werden Energien, die zur Bewältigung unseres Lebensplanes gehören, diese durchdringen, damit wir weiter wachsen beziehungsweise die zwölf Stufen weiter emporschreiten können (siehe Seite 106).

Hierzu visualisierst du bitte um dich herum eine Spiegelpyramide, die so groß ist, dass du gut darin stehen kannst, so wie auf der folgenden Zeichnung. Nun bittest du die lichte geistige Welt oder deinen Schutzengel, diese Pyramide innen rein und klar zu halten und alles, was diese Pyramide an Negativität trifft, zu transformieren oder sogar an den Absender zurückzusenden. Diese Entscheidung solltest du aber in jedem Fall der geistigen Welt überlassen.

Abschließend möchte ich in diesem Spiegel-Kapitel noch auf den Umgang mit realen Spiegeln hinweisen. Ein Badezimmer-Spiegel kann zum Beispiel sehr gut für Übungen genutzt werden, die uns stärken. So können wir uns morgens schon mit einem Lächeln im Gesicht sagen, wie sehr wir uns selbst lieben, gut auf uns achten werden oder wie gut wir aussehen. Wir können vor einem Spiegel positive Affirmationen sprechen oder uns auch einmal ganz ehrlich unsere Schattenseiten betrachten.

Spiegel können jedoch auch Tore für negative Wesen sein, denn nicht selten sehen Menschen in Spiegeln Wesen hinter sich oder Schatten vorbei huschen, die sie real nicht wahrnehmen können, was mir einige Klienten bestätigt haben.

Auch ist nicht immer das helle Licht in Umkleidekabinen dafür verantwortlich, dass wir uns beziehungsweise unseren Körper nicht so gut finden. Oft sind in den Spiegeln negative Informationen gespeichert von den vielen mit sich selbst unzufriedenen Menschen, die vor dem Spiegel zumindest gedanklich mit sich selbst hadern. Wenn sich vor einem Spiegel die Menschen ständig zu dick oder unförmig fühlen, überträgt sich diese Energie auch über den Spiegel an andere.

Spiegel im Schlafzimmer zu haben, sollte auch vermieden werden, denn im Schlaf sind wir angreifbar, wenn unser Energielevel sinkt. So kann auch hier der Spiegel als ein Tor zur negativen Seite gesehen werden, welches uns sehr schaden kann. Des Weiteren verlässt die Seele nachts meist den Körper und ist irritiert, wenn im Schlafzimmer ein Spiegelbild von uns zu sehen ist.

Mein Tipp ist, Spiegel komplett aus dem Schlafzimmer zu entfernen, oder, wenn dies nicht möglich ist, beispielsweise bei einer verspiegelten Schranktür, diesen zumindest nachts mit einem blauen Tuch abzuhängen und Erzengel Michael zu bitten, diesen Spiegel energetisch zu verschließen.

Auch wenn man in Hotelzimmern übernachtet oder im Urlaub in einer Ferienwohnung ein Spiegel im Schlafzimmer fest angebracht ist, ist solch ein blaues Tuch sehr hilfreich, weshalb ich immer eines in meinem Koffer dabei habe.

Die liegende Acht

Es gibt viele Möglichkeiten, die liegende Acht energetisch zu nutzen – positive wie negative. So gibt es Bindungen und Beziehungen, die aus einem Ritual mit der liegenden Acht entstanden sind – und dies waren in meiner beratenden Tätigkeit nicht wenige, denn man kann durch bestimmte (meist schwarzmagische) Rituale einen anderen Menschen an sich binden beziehungsweise an sich binden lassen. Solche Bindungen bestehen oft noch aus früheren Leben und wirken energetisch bis in die Gegenwart hinein.

Manchmal schränken sie sogar das eigene Leben sehr stark ein, obwohl man mit dem „Partner“ nicht zusammenlebt oder überhaupt nichts mit ihm oder ihr zu tun hat. Allein die geistige Verbindung kann bei der Partnersuche so wirken, als ob man bereits in einer Beziehung sei, was uns für den Gegenpart uninteressant, ja oft sogar unsichtbar macht. Wie erwähnt, kommt es leider vor allem in der schwarzen Magie oft vor, dass diese zu dem Zweck eingesetzt wird, zwei Menschen aneinander zu binden. Es kommt aber auch vor, dass die liegende Acht dazu eingesetzt wird, ein Paar zu trennen oder ihnen ihre Beziehung zumindest schwer zu machen. Einen solchen Fall hatte ich ebenfalls schon einmal, denn beinahe hätte es damals eine angebliche Freundin der Partnerin geschafft, die eigentlich glückliche Beziehung meiner Klientin zu zerstören. Ich konnte die Frau, die mir von der geistigen Welt gezeigt wurde, genau beschreiben und sah, wie diese, getrieben durch ihre eigene Eifersucht, mit Hilfe einer energetischen Trennung durch die liegende Acht, dem Paar tatsächlich großen Schaden zufügen wollte, was auch fast gelungen wäre. Ich konnte dieses Ritual, was schon einem Fluch ähnelte, auflösen und bekam einige Zeit später die Rückmeldung, dass die Beziehung wieder glücklich sei, ganz so, als hätten sich die beiden neu gefunden.

Weil wir selbst meist gar nicht wissen, wie uns geschieht und warum die Dinge so sind, wie sie sind, und es tatsächlich auch sein kann, dass dies bereits in einem anderen Leben geschehen ist, müssen wir nicht wissen, warum und wann ein Ritual gesetzt wurde. Es ist vor allem wichtig, dass man es auflöst. Das kann man wie folgt praktizieren:

Lege mit einer Kordel eine liegende Acht oder visualisiere diese Acht geistig, wobei du in einem Kreis stehst und in dem anderen Kreis der „Partner“, welchen man ja nicht zwangsläufig kennen muss.

Rufe nun Erzengel Michael, der das Gute und das Böse trennt, und Erzengel Zadkiel, der mit seiner violetten Flamme das Ritual auflöst und die negativen Energien transformiert. Bitte Erzengel Michael, dich von der liegenden Acht zu befreien, und Erzengel Zadkiel, die Energien zu reinigen. Bitte selbst um Vergebung und vergib dem „Partner“ in Liebe.

Nun trete aus dem Kreis heraus uns überlasse es der geistigen Welt, was mit dem „Partner“ geschieht. Manchmal wird auch er erlöst, manchmal bleibt er in dem Kreis und dessen Energien weiterhin gefangen. Hierbei kommt es darauf an, ob vielleicht du selbst dieses Ritual gesetzt hast oder ob der andere immer noch nicht einsieht, dich loszulassen.
Weil man es nicht wissen kann, überlassen wir hier ganz klar der geistigen Welt, was weiter geschieht.
Schaue dir die liegende Acht an und visualisiere, wie alle Energie von ihr mit Hilfe der violetten Flamme verbrannt wird.

Abschließend bedanke dich bitte bei den Engeln für ihre Hilfe.

Sollte man Probleme mit dem Visualisieren haben, kann man sich auch eine schwarze, liegende Acht auf einem großen Stück Papier aufmalen und sich in einen Kreis davon stellen und nach der Bitte um Auflösung ganz real und bewusst den Kreis verlassen, sich daneben stellen und bitten, dass nun alles bereinigt wird. Nach einer kurzen Weile kann man das Blatt Papier zerreißen und entsorgen. Noch besser wäre es allerdings, wenn man die Möglichkeit hat, es zu verbrennen.

Man kann dieses Ritual mit all den Menschen machen, welche unsere Grenzen überschreiten. Im Positiven kann man die liegende Acht sehr gut zur ersten Hilfe einsetzen, wenn man Schmerzen hat oder eine Verletzung. Auf diese Stelle zeichnet man mit der **linken** Hand eine liegende Acht – hierzu reicht es aber auch, sich diese Acht in Gedanken vorzustellen. Man sagt dabei: *„Möge die liegende Acht mir schnell Heilung bringen."* Das Zeichnen und den Ritualspruch wiederholt man dreimal hintereinander.

Mit persönlich hilft es am besten, wenn ich mir die Acht in der Farbe Gold vorstelle, aber auch Grün oder Weiß sind sehr hilfreich, um Heilung zu erzielen. Das sollte jeder für sich ausprobieren, welche Farbe ihm am besten bei den entsprechenden Problemen hilft.

Wie erkenne ich eine Besetzung?

Bevor wir zu liebe- und kraftvollen Einweihungen kommen, möchte ich dir in diesem Kapitel noch an die Hand geben, wie man Besetzungen erkennt. Wichtig im Umgang mit Besetzungen durch Verstorbene oder auch negative Wesenheiten oder Dämonen ist, keine Angst vor ihnen zu haben, denn dadurch gewinnen diese nur an Kraft.

Bei Besetzungen handelt es sich um verstorbene Seelen, die sich in die Aura oder in das gesamte Wesen eines Menschen eingenistet haben. Sie leben dadurch weiter, können somit weiterhin Emotionen empfinden und oftmals auch ihre Süchte ausleben. Gerade Menschen mit Süchten oder großen Ängsten sind stärker gefährdet, Besetzungen zu bekommen.

Erkennen kann man eine Besetzung an der Wesensveränderung eines Menschen. Dies können unter anderem weinerliche Episoden sein, aggressives Verhalten, das Reden von merkwürdigen Dingen oder ein sonderbares Verhalten, das eigentlich nicht zu diesem Menschen passt. Eine wichtige Rolle beim Erkennen einer Besetzung spielen die Augen: Sind die Pupillen weit geöffnet – egal bei welchen Lichteinflüssen –, spricht man von Besetzungen, die keine Angst vor Entdeckung haben. Bleiben die Pupillen dauerhaft klein, haben die Besetzer Angst davor, entdeckt zu werden.

Wenn man nun einen Menschen in seinem Umfeld oder in der Familie hat, bei welchem man eine Besetzung erkennt, sollte man ihn darauf ansprechen und sich das Einverständnis zur energetischen Reinigung holen. Bitte niemals ungefragt eine Reinigung oder andere energetische Handlungen bei jemandem ausführen! Nur mit dessen Einverständnis kann man sicher sein, dass seine Beschwerden oder Besetzungen nicht auf einen selbst übergehen. Die einzige Ausnahme stellen Kinder bis zum achten Lebensjahr dar. Hier dürfen die Eltern stellvertretend gefragt werden beziehungsweise dürfen Eltern ungefragt ihre eigenen Kinder – eben bis zum achten Lebensjahr – energetisch reinigen.

Traut man es sich selbst zu, jemanden von einer Besetzung zu befreien, kann man zum einen für ihn beten und um Gottes Segen sowie Gnade für ihn bitten.

Man kann aber auch Erzengel Zadkiel bitten, ihn mit der violetten Flamme zu reinigen. Wer darin etwas Übung hat, kann dies visualisieren. Auch Erzengel Michael kann man bitten, diesen Menschen von der Besetzung zu befreien. Ebenso hilfreich ist es, wenn man visualisiert, dass man geweihtes Wasser über ihm ausgießt. Dies macht man so lange, bis die Besetzung weg ist.

Viele meiner Klienten oder meiner Seminarteilnehmer konnten mit den beschriebenen Methoden anderen helfen. Wenn dies jedoch alles nicht fruchtet – und bitte experimentiert hier nicht zu viel –, sollte man ein Medium hinzuziehen, welches Übung darin hat.

Gottes Segnungen und Weihwasser

Im vorherigen Kapitel ging es um die Möglichkeit, Weihwasser zu visualisieren. Ich möchte nun gern beschreiben, wie man tatsächlich geweihtes Wasser herstellen und nutzen kann, denn dieses kann man allein durch Gottes Segen selbst energetisieren.

Was heißt nun aber genau „Gottes Segen"? Wenn man eine Situation, einen Menschen oder eine Begebenheit in der Zukunft segnet, bedeutet dies, dass man um das reine göttliche Licht bittet, welches sich daraufhin – so es denn Gottes Wille ist – in die Situation, den Menschen oder eben die Begebenheit ergießt. Damit kann Frieden, Ruhe und Harmonie einkehren.

Vor allem hilft es, wenn man unangenehme Ereignisse segnet, wie zum Beispiel eine Prüfung oder einen Arztbesuch sowie auch Menschen, mit welchen man einen Konflikt hat. Das kann schon allein durch die Gedanken *„Friede sei mit dir!"* geschehen. Bittet man noch um den göttlichen Segen, können sich unter Umständen sogar zwischenmenschliche Konflikte auflösen. Hierzu bedarf es tatsächlich nur der Ausrichtung auf das Göttliche und die reine und gute Absicht, wirklich Gottes Segen zu erhalten.

Genauso kann man sich das Energetisieren von Weihwasser und Kerzen vorstellen. Man benötigt dazu nur ein Gefäß, welches idealerweise aus Glas oder Keramik besteht – ich persönlich würde hierbei kein Kunststoff- oder Metallgefäß benutzen wollen.

In das Gefäß füllt man ganz normales Leitungswasser und stellt es vor sich. Wenn man es ganz feierlich zelebrieren möchte, kann man eine angenehme, leise Musik hören und/oder eine Kerze anzünden. Die Handinnenflächen sollten nach oben zeigen, als Zeichen, dass man nun den geistigen Energien gegenüber geöffnet ist. Und nun bittet man in eigenen Worten um den Göttlichen Segen für jemanden oder eben eine Situation. Und man schließt bitte immer mit den Worten: *„Wenn es Gottes Wille ist."* oder *„Wenn es zum höchsten Wohle aller ist."*.

Auf die gleiche Art kann man auch Kerzen weihen lassen und diese für ein bestimmtes Thema abbrennen. Hier könnte man entweder die Absicht in Gedanken formulieren oder einen Zettel mit dem gewünschten Segnungsthema zu der Kerze legen. Ich bin sicher, die lichte geistige Welt weiß ganz genau, was du meinst. ☺

Liebevolle und reinigende Herz-Meditation

Jetzt, da wir fast am Ende des Buches angekommen sind, möchte ich dir noch eine wundervolle Meditation vorstellen. Ich selbst durfte sie empfangen, und mir wurde aus der geistigen Welt vermittelt, dass ich diese unbedingt an dich weitergeben soll, gerade jetzt, da die Zeiten oftmals viele Ängste und Sorgen entstehen lassen:

Begib dich wie gewohnt in eine Meditation. Wenn du in einer angenehmen Ruhe bist, siehst du, dass vor dir eine große Treppe aus feinstem weißen Marmor ist, welche bis in den Himmel hinein reicht.

Neben dir steht dein Schutzengel und reicht dir seine Hand. Du nimmst sie und lässt dich voller Vertrauen von ihm die Treppe hinaufführen.
Oben angekommen, siehst du eine wunderschöne Wiese mit schönen bunten Blumen. Wenn du magst, kannst du deine Schuhe ausziehen und mit deinem Engel auf der Wiese zu einer Art Königsstuhl laufen. Spürst du die frische, klare Energie? Atme ein paarmal tief ein und spüre die Kraft, die von diesem Ort ausgeht, und schaue dich etwas um. Siehst du, wie sanft und angenehm das Licht hier auf dieser jenseitigen Ebene ist? Es scheint dich warm und weich einzuhüllen und gibt dir ein noch ruhigeres Gefühl.

Nimm nun auf dem Königsstuhl Platz. Viele Engel sind jetzt zu dir gekommen, und du spürst die Liebe, die von ihnen ausgeht. Einer von ihnen kommt nun ganz nah zu dir und spricht: *„Lege deine linke Hand auf dein Herz und gib es mir symbolisch in meine Hände. Ich werde es für dich reinigen und mit neuer Energie aufladen.“*
Wenn du dazu bereit bist, übergib ihm dein Herz und schau, wie er es liebevoll in den Händen zu einem kleinen Wasserfall in deiner Nähe trägt und es unter dem fließenden, klaren, goldfarbenen Wasser reinigt. Er spricht dabei: *„Liebe Wasserquelle, reinige dieses Herz von Trauer, Leid und von der schmerzvollen Zeit, die hinter ihm liegt. Fülle das Herz mit der bedingungslosen Liebe und schütze es.“*

Nun kommt der Engel wieder zu dir und übergibt dir dein gereinigtes Herz mit den Worten: *„Nimm dein gereinigtes Herz und führe es dir in Dankbarkeit und Demut wieder zu."*

Wenn du dies getan hast, genieße noch etwas diesen wundervollen Ort und dein neues Gefühl in deinem Herzzentrum, dann nimm erneut die Hand deines Schutzengels und gehe mit ihm zurück zu der Treppe. Während du mit ihm die Stufen hinunter schreitest, kommst du mehr und mehr wieder in das Hier und Jetzt.

Bedanke dich abschließend bei ihm und bei der geistigen Welt für dieses wunderbare Erlebnis, denn du fühlst dich erneuert und voller Liebe und Leichtigkeit.

Du kannst diese Übung immer wiederholen, wenn du das Gefühl hast, dass es dir schwer ums Herz wird oder du Sorgen und Ängste hast – oder einfach so, weil es so wunderbar guttut…

Zum Thema Herzzentrum oder Herzchakra kann ich das Buch von Rüdiger Schache *„Das Geheimnis des Herzmagneten"* sehr empfehlen.

Göttliche Einweihung

Im Jahr 2000 hatte ich die erste Einweihung in das Reiki-System – den ersten Reiki-Grad. Den zweiten Reiki-Grad, meinen Reiki-Meister und Reiki-Lehrer absolvierte ich in den darauffolgenden sieben Jahren. Reiki ist eine mehr als 2.000 Jahre alte japanische Heilkunst, die im 19. Jahrhundert von dem Mönch Dr. Mikao Usui wiederentdeckt wurde. Mit der Reiki-Energie zu arbeiten war wunderbar und brachte mir gesundheitliche Verbesserungen, aber auch einige Lernprozesse, die ich jedoch dankbar annahm, um sie zu lösen. Auch die geistig-energetischen Reiki-Anwendungen, welche ich für meine Klienten und meine Familie machen durfte, waren alle für mich etwas ganz Besonderes und immer einzigartig.

Nachdem ich die Ausbildung zum Reiki-Lehrer absolviert hatte, gab ich selbst Reiki-Seminare, lehrte dabei diese besondere „Heilkunst" und weihte viele meiner Klienten ebenfalls darin ein.

Doch seit vielen Jahren wurde ich immer wieder gefragt, warum ich noch immer Reiki-Anwendungen und auch Reiki-Seminare geben würde, denn Reiki wäre doch so in Verruf gekommen. Hierauf antwortete ich immer, dass jede geistig-energetische Anwendung nur so gut sein kann wie der Mensch, der dahinter steht. Jemand, der damit nur Geld verdienen möchte und nur aus seinem Ego heraus handelt, wird letztendlich auch negative Energien weitergeben, sodass der Erfolg ausbleibt. Jede geistig-energetische Arbeit sollte in Demut erfolgen, mit dem Ziel, nur das Beste für den Klienten zu wollen – mit Gottes Hilfe und mit dem Wissen und Vertrauen, dass nur Gottes Wille geschieht.

Dennoch haben mich die Worte einer sehr medialen Freundin, welche Reiki selbst nicht mehr praktiziert und sich daraus hat entweihen lassen, sehr nachdenklich gemacht. Sie spürte, dass dieses System nicht mehr zu den neuen Energien dieser Zeit passt und teilweise sehr viel „Unfug" damit passiert. Mittlerweile bekommt man teilweise eine Reiki-Einweihung online über die Ferne in wahnsinnig kurzer Zeit für ganz wenig Geld. Dabei geht jedoch sehr viel wertvolles Wissen verloren, und auch das Gespür für den anderen und der Austausch miteinander, den man bei Einweihungs-Seminaren hat.

Ich beschäftigte mich eine Weile mit dem Thema, und bekam von meinen geistigen Helfern ebenfalls die Information, dass nun die Zeit reif sei, mit höherschwingenden Energien zu arbeiten. Sie sagten, ich dürfe mich nun entscheiden, ob ich selbst weiterhin einem bestimmten Meister (Dr. Usui, dem Gründer der Reiki-Lehre) dienen möchte oder direkt der göttlichen Quelle. Ich entschied mich, von nun an direkt mit der Energie aus der reinen göttlichen Quelle zu arbeiten – was nicht heißen soll, dass ich Reiki schlecht finde oder schlecht machen möchte – im Gegenteil. Aber ich spürte, dass es für mich nun an Zeit war, direkt mit Gottes Energien zu arbeiten.

So ging ich in einer ruhigen Stunde in Meditation und bat Dr. Usui, mir zu erscheinen, was er auch tat. Ich sprach in Gedanken zu ihm: *„Lieber Dr. Usui, ich möchte meine Einweihungen in die verschiedenen Grade des Reiki und die dazugehörigen Symbole ablegen."* Daraufhin faltete er ebenfalls seine Hände und verbeugte sich vor mir. Nun bat ich ihn, bei mir alles zu entfernen, was zu diesen Reiki-Graden gehörte und spürte sofort, wie die ganzen Reiki-Symbole aus meinem System entfernt wurden – es bizzelte und zwickte überall in meinem Körper, und ich fühlte mich immer leichter und befreiter.

Dann dankte ich Dr. Usui und sagte ihm, dass ich froh sei, nun direkt mit den göttlichen Energien arbeiten zu dürfen. Er verbeugte sich wieder mit gefalteten Händen vor mir, und bevor er verschwand, sagte er zu mir: *„Liebes Kind, dein Wille wird auch meiner sein."* Ich sprach noch ein Dankesgebet und verabschiedete mich.

Nun liefen mir dir Tränen herunter, weil es ein sehr ergreifender Moment war und ich mich sehr viel leichter und befreiter fühlte. Nach einer kurzen Weile schaute ich in meinem Inneren nach oben und sagte: *„Lieber Gott, wenn es Dein Wille ist, dass ich weiterhin Dein Werkzeug sein darf, dann soll es geschehen."*

Im selben Moment öffnete sich der Himmel für mich und ein weißer Strahl kam herunter und durchflutete mein Scheitelchakra, wonach er durch alle anderen Chakren kraftvoll hindurchfloss bis ins Erdreich. Anschließend öffnete sich mein Herzchakra, und ich sprach: *„Lieber Gott, lieber Vater, ich bitte, Dein Werkzeug sein zu dürfen."*

Plötzlich stand ein Wesen vor mir, das sinnbildlich Gott darstellte, und segnete mich, faltete seine Hände und beugte sich vor mit den Worten: *„Ja, es ist mein Wille. Jeder kann Gottes Werkzeug werden, solange er in Demut in seiner Liebe ist."* Er verbeugte sich und verschwand mit seiner mir so vertrauten Liebe. Ich war noch eine lange Zeit sehr ergriffen von diesem Moment.

Nun ist es so, dass jeder diese Einweihung selbst erleben kann, ganz egal, ob er bereits eine Technik für energetisch-geistige Anwendungen ausübt oder nicht, das spielt dabei keine Rolle. Du braucht dazu nur die folgende Meditation zu machen und ihn darum zu bitten, sein Werkzeug sein zu dürfen.

Begib dich wie beschrieben in Meditation und bitte, wenn du das Gefühl hast, ruhig und offen zu sein, Kanal sein zu dürfen für die Göttliche Energie zum Wohle aller, die davon Nutzen haben.

Sollte Gott deinem Wunsch entsprechen, siehst du einen unglaublich hellen, weißen, großen Lichtstrahl, der in dein Kronenchakra eintritt, alle deine Chakren durchfließt und über die Füße wieder austritt und dich im Erdreich verankert. Mehr ist nicht erforderlich…

Bitte sprich noch ein Dankesgebet: *„Danke, liebe göttliche Kraft, dass du mich nun in deine Dienste stellst und ich Kanal für deine Energie sein darf. Danke."*

Ab sofort bitte einfach nur um diese göttliche Energie, wenn du dich selbst oder jemand anderem helfen willst, indem du diese Energie durch dich fließen lässt und über deine Hände weitergibst.

Mutter Maria

Abschließend möchte ich dir noch ein sehr kraftvolles Gebet von Mutter Maria ans Herz legen, welches dir und deinen Lieben gerade in dieser schnelllebigen Zeit helfen kann, all die Eindrücke, Ereignisse, Sorgen, Nöte und Ängste zu verarbeiten, damit du dich wieder auf das Gute, das Göttliche und Liebevolle besinnen kannst und mehr und mehr in deine Mitte und dein Vertrauen in die Göttliche Kraft – aber vor allem in dich selbst – kommst:

Das Gebet wurde mir von Mutter Maria direkt durchgegeben, was sehr ergreifend war, weil ich nicht nur ihre Energie fühlen konnte, sondern sie mir auch in diesem besonderen Moment erschienen ist.

Tief in meinem Herzen bist du in mir –
in Liebe, Hoffnung und Vertrauen.
Und deine Güte schenkt mir Kraft und Ausdauer,
mein Leben zu bewältigen.
Dieses, mein Leben lege ich in deine Hände,
um mich in Liebe auf meinem Weg zu führen.

Und alle Menschen um mich herum, die ich berühre,
sollen deine Liebe, Aufrichtigkeit und Geborgenheit spüren,
um sie weiterzugeben an alle, die dies brauchen.
Denn du bist die weibliche Energie,
die unsere Welt so dringend braucht,
und die längst vergessen und verloren war.

Gib uns bitte den Frieden,
den wir brauchen
und trockne unsere Tränen.
Bringe Leichtigkeit in unser Leben
und gib uns den Mut, standhaft zu bleiben
in unserer schwierigen Zeit.

Hilf uns, wieder unseren Weg zu finden,
den wir einst im Göttlichen gehen wollten.
Lass uns wieder zu den Menschen werden,
die Liebe, Hoffnung und Vertrauen
auf dieser Erde aussenden.
Ich danke dir, liebe Mutter Maria – aus tiefsten Herzen.

Amen

Die meistgestellten Fragen meiner Klienten

Siehst du immer und zu jeder Zeit deinen Schutzengel?

Ich sehe meinen Schutzengel immer dann, wenn ich ihn darum bitte, sich mir zu zeigen. Meist aber kommuniziere ich mit ihm über mein Gefühl, meine Eingebungen und meine Intuition – dies aber täglich. Der Kontakt mit ihm ist mir sehr wichtig und das Wissen, dass er gut auf mich aufpasst. Dafür bedanke ich mich auch regelmäßig bei ihm. Leider sehe oder höre ich ihn selbst nicht, wenn es darum geht, dass ich Entscheidungen für mich selbst treffen muss, hierauf nimmt er keinen Einfluss und zieht sich zurück. Dann fühle ich mich immer sehr einsam und allein gelassen. Er darf mich nicht in meinen Entscheidungen beeinflussen, deshalb zieht er sich zurück. Habe ich mich entschieden, ist er aber direkt wieder da, und ich kann zu jeder Zeit seine Nähe spüren.

Begleitet uns unser Schutzengel ein ganzes Leben?

Viele Klienten sprechen mich darauf an, dass ich in meinen Büchern schreibe, dass der Schutzengel eben nicht immer derselbe ist und man manchmal sogar zwei oder mehrere an seiner Seite haben kann. Das stimmt, ja, aber es kommt immer auf den jeweiligen Lernprozess und den Lebensabschnitt an, in welchem wir uns befinden. Manche Schutzengel bleiben lange, andere wiederum begleiten uns nur für kurze Zeit oder unterstützen zusätzlich unseren eigentlichen Schutzengel.

Als sich mein geliebter Schutzengel von mir verabschiedet hat, weil seine Aufgabe während meiner geistigen Ausbildung beendet war, habe ich sehr geweint und ihn sehr vermisst, obwohl sein Nachfolger auch ein sehr liebevoller Engel war. Dennoch hatte ich eine solch intensive Zeit mit meinem Engel erlebt, dass ich ihn und seine liebevolle Energie lange Zeit schmerzlich vermisste. In meinem Buch *„Schutzengel & Co."* beschreibe ich dieses Thema ausführlich. Auch, wie ich ihn viel später noch einmal sehen und eine kurze Zeit mit ihm verbringen durfte.

Ich kenne die geistigen Gesetze und praktiziere positives Denken, warum habe ich trotzdem nicht viel Geld?

Bei meinen Klienten schaue ich immer, ob Fremdenergien, Flüche, alte Verträge, übernommene Muster oder ein karmisches Problem dahinter stecken und gebe Tipps, wie man so etwas auflösen kann – so wie es in diesem Buch beschrieben ist.

Bin ich in meinem Lebensplan?

Man kann nicht wirklich von seinem Lebensplan abkommen, weil man sich vor seiner Inkarnation mehrere Pläne erstellt hat und zwischen diesen wechseln kann.

Warum bin ich schon so lange Single? Warum bekomme ich keinen Partner?

Die meisten Klienten, die mir diese Frage stellen, sind energetisch – durch energetische Bande – mit einem anderen Menschen verbunden. Dies kann bis in die Vorleben hineinragen. Diese Bande müssen durchtrennt und die Energien bereinigt werden. Ich kann das während einer energetischen Anwendung zusammen mit meinen Klienten machen. Man kann es aber auch allein schaffen, wenn man, wie auf Seite 19 beschrieben, in die Vergebung geht und anschließend Erzengel Michael bittet, alle negativen Verbindungen und Bande zu dem ehemaligen Partner zu durchtrennen und die Energien zu bereinigen. Ich empfehle zusätzlich, alle Erinnerungsstücke an sie oder ihn in seinem Umfeld zu entfernen, damit man sich besser mit positiven Gedanken ganz offen auf eine neue Beziehung einstellen kann.

Warum werde ich nicht gesund, obwohl ich alles dafür tue?

Hier können karmische Gründe oder eine Ahnengeschichte vorliegen, welche, wie im Buch beschrieben, aufgelöst werden können. Oft ist aber auch das Wohnumfeld dafür verantwortlich, dass wir in alten Mustern oder negativen Energien hängenbleiben, welche durch Energieumstellungen behoben werden können.

Habe ich den für mich richtigen Beruf?

Diese Frage wird sehr oft gestellt, und ich musste sie bisher leider viel zu oft mit einem klaren „Nein“ beantworten. Es ist auch für mich erschreckend, wie viele Menschen einen Beruf ausüben, in welchem sie unglücklich und somit auch erfolglos sind. Meist wurden die Berufe ausgewählt, um den Eltern zu gefallen, um in deren Fußstapfen zu treten, um gesellschaftlich anerkannt zu werden oder auch aus rein finanziellen Gründen, weil man denkt, dass man in bestimmten Berufen einfach viel mehr verdienen kann.

Ich werde nie vergessen, wie ein Klient in einer sehr gebückten Körperhaltung und schweren Rückenschmerzen zu mir kam und um Hilfe bat. Als ich ihn ansah, sagte ich direkt: *„Du hast dir den falschen Beruf ausgesucht, du hättest Journalist werden sollen.“*

Er sah mich erstaunt an, und fragte, woher ich das wissen konnte, denn das war sein eigentlicher Berufswunsch. Sein Vater jedoch war ein sehr guter und angesehener Zahnarzt mit einer eigenen Praxis, die sein Sohn fortführen sollte. Mein Klient erfüllte seinem Vater den Wunsch, wurde Zahnarzt und übernahm die Praxis, obwohl er schon in sehr jungen Jahren den Wunsch hatte, Journalist zu werden. So hatte er sich buchstäblich für seinen Vater krumm gemacht, ohne auf seine eigenen Bedürfnisse zu achten.

Es ist wichtig für unsere Gesundheit und unser Wohlbefinden, dass wir einen Beruf ausüben, der zu uns passt, den wir gern ausüben. Nur so können wir mit Freude arbeiten und erfolgreich sein.

Wenn ich allerdings jemandem sage, dass er in seinem jetzigen Beruf völlig falsch ist, antworten viele: *„Aber ich bin doch viel zu alt, um zu wechseln“* oder *„Wie soll ich denn sonst meinen Lebensunterhalt verdienen?“*.

Dazu erzähle ich gern meine Geschichte, denn als die geistige Welt mich ausbildete, erforderte das von mir zeitlich und körperlich sehr viel, weshalb ich schon nach kurzer Zeit merkte, dass ich meinen Vollzeitjob aufgeben musste, wenn ich dieser Lebensaufgabe gerecht werden wollte. Es fiel auch mir nicht leicht, meinen sehr gut bezahlten Beruf an den Nagel zu hängen, aber ich tat es voller Vertrauen, dass nun etwas Besseres beginnen würde. Und genau so war es auch. Ich musste mich anfangs zwar finanziell einschränken, aber dennoch hatte ich immer alles, was ich brauchte. Nach dieser kurzen Übergangsphase konnte ich mit den medialen Beratungen anfangen und konnte wieder gut für meinen Lebensunterhalt sorgen.

Wenn man mehrere Möglichkeiten für einen Beruf in Erwägung zieht, kann man mit der versteckten Aufstellung (siehe Seite 39) sehr gut herausfinden, welcher am besten zu einem passt.

Mit der Frage nach der Berufung verhält es sich ähnlich. Auch diese weiß man oft schon sehr genau, ist aber unsicher, ob man richtig liegt oder ob es sich um Hirngespinste handelt. Meist geht es Klienten so, wenn sie spirituelle Aufgaben haben. Viele unterschätzen dann ihre eigenen Fähigkeiten und suchen Bestätigung, dass es sich wirklich um ihre Lebensaufgabe handelt und sie dafür geeignet sind.

Bei der Frage nach Beruf und Berufung ist es auf jeden Fall notwendig, dass man selbst Schritte unternimmt und nicht abwartet, bis etwas von alleine kommt. Das passiert in den seltensten Fällen, und wenn, muss man auch offen und bereit sein, etwas annehmen oder ändern zu wollen.

Ein Fachbuch zu lesen, ein Seminar zu besuchen, sich im Internet zu informieren oder erfahrene Menschen um Rat zu fragen, setzt aber schon Energien in die richtige Richtung frei.

Ich komme nicht weiter. Habe ich eine Blockade?

Hierzu muss ich sagen, dass die meisten Blockaden von uns selbst kommen. Dies können alte Muster oder Programme sein oder auch ein falsches Denkmuster. Auch hier kann man die versteckte Aufstellung zu Rate ziehen und damit schauen, wo die Blockade sitzt. Alle Antworten sind in uns, mit etwas Geduld und Übung kann man es herausfinden und entsprechend auflösen, egal, ob es Karma ist oder ein Schock zugrunde liegt, ob es Blockaden in der Ahnenreihe gibt oder ob man mit den eigenen Glaubenssätzen, mit Sicherheitsdenken oder zum Beispiel mit der Angst vor Veränderung sich selbst im Weg steht.

Zu diesem Thema möchte ich sehr die Bücher von S. N. Lazarev empfehlen, vor allem das Buch „*Karmadiagnostik*“.

Wohne ich am richtigen Ort?

Genauso wie bei der Frage nach dem Beruf deutet schon die Fragestellung darauf hin, dass es eben nicht der optimale Ort oder die optimale Gegend ist, sonst würde man sich nicht mit dieser Frage beschäftigen. Auch hier kann ich beratend zur Seite stehen, aber man kann hier ebenso die versteckte Aufstellung zu Rate ziehen, um die optimale Wohngegend zu finden. Oder auch, wenn mehrere Häuser oder Wohnungen für einen Umzug in Frage kommen.

Habe ich eine Besetzung?

Woran man eine Besetzung erkennt, habe ich ja bereits zuvor beschrieben. Wenn man sich dennoch unsicher ist, kann man Bilder von sich selbst oder von der Wohnung bzw. dem Haus machen. Vielleicht ist es auch nur ein bestimmtes Zimmer, in welchem man sich unwohl fühlt.

Man sollte die Bilder etwas auf sich wirken lassen, meist merkt man aber schnell, ob man sich beim Betrachten unwohl fühlt oder nicht. Außerdem kann man bei sich selbst schauen, ob man auf dem Bild einen Schatten im Hintergrund sieht, welcher nicht durch die Lichtverhältnisse entstanden sein kann. Oder auch, ob man einen braunen oder schwarzen Rand um sich herum sieht, welcher auf eine krankmachende Fremdenergie hinweist. Genauso kann man es auch auf Wohnungs- oder Hausbildern sehen. Mit etwas Übung erkennt man sehr schnell, ob man besetzt ist oder ob sich Geistwesen in der Wohnung aufhalten.

Ist mein geliebtes Haustier im Himmelreich?

Sollte man das Gefühl haben, dass das Tier noch erdgebunden ist, vielleicht sogar durch die eigene Trauer, kann man einen Engel bitten, das Tier abzuholen und dorthin zu bringen, wo es ihm gut geht.

Bitte die Engel aber auch um Unterstützung, um deine Trauer zu bewältigen. Gehe dann in die Dankbarkeit, dass dich dieses Tier einen Teil deines Lebens begleiten durfte.
Generell stelle ich jedoch fest, dass die meisten Tiere im Jenseits sind und es ihnen dort sehr gut geht, wie ich es ja selbst beobachten durfte.

Warum zerbrechen bei mir Freundschaften?

Oftmals ist es so, dass uns einige Menschen ein Leben lang begleiten und wir sie wirklich durchgehend als Freunde haben. Das sind ganz besondere Beziehungen, die viele Höhen und Tiefen gemeinsam durchstehen.
Jedoch habe ich selbst und auch viele meiner Klienten die Erfahrung gemacht, dass Freundschaften nicht für immer bestehen bleiben und sich die Wege wieder trennen. Dazu muss nicht immer ein Streit zugrunde liegen, es kann auch sein, dass man sich einfach in verschiedene Richtungen entwickelt und eben deshalb getrennte Wege geht. Dies ist nicht immer negativ zu werten, denn nicht selten gehen zwar einige Menschen wieder aus unserem Leben, dafür kommen aber neue hinzu, die für den aktuellen Lebensprozess wichtig sind.

Warum bin ich nicht so hellsichtig wie du?

Das mag für viele komisch klingen, aber mein Mann zum Beispiel sagt oft zu mir, dass meine Gabe Fluch und Segen sei – und darin steckt viel Wahrheit. Ich hatte eine lange und oft harte Lehrzeit, und auch heute muss ich noch einige Situationen bewältigen, in denen ich Dinge sehe, die nicht immer leicht zu verkraften sind und bei denen ich auf meine Hellsichtigkeit gern verzichten würde. Deshalb sei bitte nicht traurig, wenn du nicht hellsichtig bist.
Und auch nicht jeder ist für diese Art der Hellsicht wirklich bereit. Unsere Seelen haben ja Lebenspläne ausgearbeitet, die es zu erfüllen gilt – und in diesen steht nicht immer die Hellsichtigkeit. Einfach

auch deshalb, weil es viele nicht verkraften würden, wenn sie alles sehen könnten, was es zwischen Himmel und Erde gibt.

Viele Schicksalsschläge, die ich vorausgesehen habe, haben mir das Leben erschwert, viele Geistwesen, die in meiner Wohnung ein- und ausgingen, verfolgten mich bis in meine Träume und ließen mich lange Zeit nicht zur Ruhe kommen.

Es ist natürlich ein Geschenk, wenn man Engelwesen sehen kann, Elfen zum Beispiel und Tierseelen, auch wenn man, wie ich manchmal, die Sprache der Tiere versteht und mit ihnen kommunizieren kann. So wie mit der Amsel auf unserem Grundstück, die fürchterlich mit mir schimpfte, weil sie nicht an die Futterstelle kam, da sie dafür zu groß war. All dies erzählte sie mir schimpfend und war außer sich, dass ich das noch nicht selbst bemerkt hatte. Sofort stellte ich extra für sie Futter in einer für sie erreichbaren Schale hin, und das Schimpfen hörte auf – dafür bekam ich von ihr ein sehr herzliches Dankeschön. ☺ Dies sind natürlich die schönen Momente im Leben, die ich nicht missen möchte…

Jeder von uns hat bestimmte Gaben, mit denen er gesegnet ist und zum Segen anderer werden kann. Es muss nicht immer die Hellsichtigkeit sein, die große Taten vollbringt…

Warum hast du damals dein erstes Buch geschrieben?

Als ich 15 Jahre alt war, wusste ich bereits, dass ich einmal ein Buch schreiben würde, allerdings waren mir damals noch nicht Inhalt und Thema des Buches bekannt. Erst 1997, im Alter von 34 Jahren, fing ich an, als Medium zu arbeiten, nachdem ich durch eine wunderbare, aber auch anstrengende Ausbildung der geistigen Welt gegangen war. Weil ich damals schon zahlreiche spannende Erlebnisse mit Geistwesen hatte, fing ich 2001 an, mein erstes Buch *„Ich spreche mit Toten“* zu schreiben. Doch vier Jahre lang wurden mir Steine in den Weg gelegt, da leistete die negative Seite ganze Arbeit. Ich kämpfte mit PC-Abstürzen und mehrfachen Löschungen des kompletten Manuskriptes, sodass ich wieder und wieder von vorne beginnen musste und zwischendurch schon mehrmals aufgegeben hatte.

Doch immer wieder ließ mich mein Auftrag von der geistigen Welt, dieses Buch zu schreiben, weitermachen. Ich wollte den Menschen helfen, die Ähnliches wie ich erlebt hatten oder in verzweifelten Situationen steckten und keinen Ausweg wussten. Sie sollten wissen, dass sie mit ihrem Leid nicht alleine sind und es Lösungen gibt.
Nachdem das Buch veröffentlich war, riefen mich auch viele Leser an und sagten, dass es ihnen ähnlich ergangen sei. Ich hatte damals das große Glück, dass Jan van Helsing mein Buch veröffentlichte, sodass es tatsächlich in die ganze Welt verkauft wurde und sich viele Menschen nicht scheuten, lange Wege zu mir in Kauf zu nehmen – auch kein elfstündiger Flug konnte sie davon abhalten.
Es machte mich glücklich zu sehen, dass sich meine harte Ausbildungszeit gelohnt hatte, denn ich konnte bis heute vielen Menschen helfen, ihre Blockaden oder ihre Lebensaufgabe zu erkennen, ihre geliebten Verstorbenen loszulassen oder durch die Energieumstellungen in Häusern und Wohnungen Erleichterung im gesundheitlichen und zwischenmenschlichen Bereich zu schaffen.

Wann kannst du Kontakt zu Verstorbenen aufnehmen?

Immer dann, wenn eine Situation ungeklärt ist und die Verstorbenen diese aufklären möchten oder erst dann ins Licht gehen können, wenn alles geklärt ist. Manchmal möchten nicht nur die Hinterbliebenen den Kontakt herstellen, sondern tatsächlich die Verstorbenen. Ich respektiere aber zu jeder Zeit, wenn eine Seele dies nicht möchte.

Hast du schon einmal in deinem Leben an der Existenz deines Schutzengels gezweifelt?

Ja, das habe ich anfangs sehr oft. Gerade wenn er sich zurückgezogen hatte, damit ich meine Entscheidungen allein treffen musste. Das habe ich zu Beginn meines spirituellen Erwachens nicht verstanden. Doch heute weiß ich, dass auch ich mir in schwierigen Situationen Hilfe von außen holen kann. So lasse auch ich mich von anderen Medien beraten.

Woran ich aber nie gezweifelt habe, ist die Existenz der geistigen Helfer. Noch nie habe ich erlebt, dass sie mich und meine Klienten in Beratungsgesprächen im Stich gelassen hätten. Ich bekomme immer Antworten und Hilfestellungen für meine Klienten, worüber ich sehr dankbar bin.

Ist es nicht oft sehr anstrengend, wenn man als Medium alles sehen kann? Wie ist das, wenn du einkaufen gehst oder unterwegs bist, siehst du dann auch immer Geister?

In Beratungsgesprächen mit meinen Klienten bin ich voll und ganz Medium, aber wenn ich privat unterwegs bin, bin ich einfach nur Martina. Das musste ich aber auch erst einmal lernen, denn mir begegneten lange Zeit immer und überall Verstorbene, die mein Licht erkannten und Hilfe suchten. Anfangs fand ich es noch schmeichelhaft, aber das kann man auf Dauer nicht aushalten und stemmen.

Deshalb habe ich gelernt, dass ich privat nicht ständig alles als Medium betrachte, sondern einfach als der Mensch, der ich bin. Sollte etwas sehr wichtig für mich sein, was ich unbedingt sehen soll, dann macht das die geistige Welt sowieso möglich.

Viele Menschen haben sich an mich gewandt, die dies nicht gemacht haben und fast durchgedreht sind. Auch sie mussten lernen, mit ihrer Gabe umzugehen, um gesund zu bleiben und ihr eigenes Leben leben zu können.

Du warst fast zwei Jahre lang nicht zu erreichen, weder telefonisch noch online. Was war da los?

Ich musste eine längere Pause einlegen. Nach 15 Jahren harter Arbeit als Medium und ständigem Kontakt zu Geistwesen brauchte ich eine Auszeit. Da ich viele Anfragen von Klienten hatte und auch allen gerecht werden wollte, habe ich über meine Kräfte gearbeitet und nur wenig auf meine Bedürfnisse geachtet sowie die geistig-energetische Arbeit unterschätzt, die doch einiges von einem abverlangt. Ich war irgendwann untergewichtig und fühlte mich völlig ausgebrannt. Die Warnungen aus der geistigen Welt hatte ich damals komplett ignoriert und einfach immer weitergemacht. Deshalb brauchte ich damals dringend eine lange Auszeit.

Wenn du noch einmal die Wahl hättest, ob du ein Medium sein möchtest, was würdest du machen?

Bei dieser Frage sage ich immer, dass ich auf jeden Fall diese Aufgabe wieder annehmen würde, auch wenn es nicht immer leicht ist, sie zu erfüllen. Gerade weil ich von der geistigen Welt ausgebildet wurde, negative Energien, Geistwesen, Flüche und vieles mehr zu erkennen und aufzulösen, war und ist die Arbeit mit diesen oft sehr dunklen Energien kräftezehrend. Dennoch ist es ungemein wichtig, gerade hiermit den Menschen helfend zur Seite zu stehen.

Warum sagst du, dass du nur noch dieses eine Buch schreiben wirst?

Eigentlich wollte ich nach meinem dritten Buch kein weiteres mehr schreiben, weil ich mich nicht wiederholen wollte. Dennoch machte mich mein Engel darauf aufmerksam, dass ich die vielen Informationen und Hilfestellungen vielen Menschen zur Verfügung stellen sollte.

Meine Arbeit als mediale Beraterin werde ich weiterhin im Zusammenhang mit den Energieumstellungen ausüben. Wobei der Schwerpunkt tatsächlich auf den Energieumstellungen liegt.

Ein herzliches Dankeschön an…

Katja Kutza für das Schreiben von drei meiner Bücher. Sie ist ein Schreibmedium und bereichert (nicht nur) meine Bücher mit viel Inspiration aus der geistigen Welt.
Ich lernte Katja durch mein erstes Buch „*Ich spreche mit Toten*" kennen, welches sie gelesen hatte und daraufhin ein Beratungsgespräch mit mir vereinbarte, in welchem ich sah, dass ihre Hauptaufgabe und Berufung das Schreiben sein wird.
Allerdings gingen noch mehr als zehn Jahre ins Land, in welchen ich immer mal wieder Katja beriet. Erst 2016 kam ich auf die Idee, dass sie mein Buch „*Schutzengel & Co.*" schreiben sollte, weil ich Katjas Art zu schreiben einzigartig finde.
Während dieser intensiven Arbeit ist eine Freundschaft und Zusammenarbeit entstanden, die ich nicht missen möchte.
Weil auch Katja ein sehr spiritueller Mensch ist, kann ich all denen unter euch, die eine ebenso interessante Geschichte wie ich haben, die sie gern zu Papier bringen möchten, nur empfehlen, sie als Schreiberin bzw. Ghostwriterin anzufragen.
Ihr eigenes Buch „*Giftdeponie Mensch*" wurde ebenfalls im Amadeus-Verlag veröffentlicht, welches sie im Anschluss an mein Buch schrieb.

Katja, dir einen ganz lieben Dank für deine hervorragende Arbeit und die tolle und problemlose Zusammenarbeit mit dir. Ich bin dankbar für unsere wunderbare Freundschaft.

k-kutza@posteo.de

Ein weiteres Dankeschön geht an...

Jacqueline Morris, die mit ihren wundervollen Bildern dieses Buch bereichert. Auch sie war einst eine Klientin von mir. Vor sehr langer Zeit hatte ich ihr einmal während einer Beratung gesagt, dass sie ein Mal- und Zeichenmedium sei und die empfangenen Bilder aus der geistigen Welt einmal auf sehr wunderbare und kraftvolle Weise umsetzen würde. Erst sehr viele Jahre später zeigte sie mir einmal ihre Werke, und manche der von ihr gezeichneten Porträts konnte ich dabei kaum von den originalen Fotografien unterscheiden. Ihre Bilder sind wunderbar, und es stecken immer hochschwingende, positive Energien darin, die man beim Betrachten spüren kann. Deshalb freute ich mich sehr, als auf meine Bitte hin die Illustrationen für dieses Buch übernahm. So hatten mich meine geistigen Führer mal wieder auf eine tolle Weise unterstützt und mich mit Jaqueline zusammengeführt. Alle Bilder und Zeichnungen in diesem Buch sind von ihr.

Auch Dir, liebe Jacqueline, ein ganz herzliches Dankeschön für die wunderbaren Werke, die Du für dieses Buch erschaffen hast. Du bist eine hervorragende Künstlerin.

Eine Vielzahl ihrer Werke findest du unter

www.martinaheise.de

und in ihrer Online-Galerie unter

www.jacqueline-morris-art.de

Gern könnt Ihr sie auch über ihre E-Mail-Adresse kontaktieren:

jm_marketing_creations@outlook.com

Über die Autorin

Martina Heise wurde 1963 als hellsichtiges, hellhörendes und hellfühliges Medium geboren, ist verheiratet und hat zwei erwachsene Söhne. Im Laufe ihres Lebens entwickelten sich ihre medialen Fähigkeiten weiter, bis sie im Erwachsenenalter direkt von ihrem Schutzengel und der geistigen Welt in vielen spirituellen Bereichen ausgebildet wurde. Dies ersparte ihr jedoch nicht ihre eigenen, manchmal harten Schicksalsschläge und Lernprozesse, die sie allerdings nicht davon abbringen konnten, ihren spirituellen Weg in vollstem Vertrauen zur geistigen Welt zu gehen. Mit ihrem fundierten Wissen, ihren besonderen und vielfältigen Gaben als Medium sowie ihrer mitfühlenden und herzlichen Art hat sie bis heute zahlreichen Menschen auf ihrem Weg in ein freieres und besseres Leben verhelfen können. Sie sieht, welche Blockaden die Menschen belasten, ob sie von verstorbenen Seelen besetzt sind, nimmt Kontakt zu Verstorbenen auf, sieht die Energien in Wohnräumen u.v.m.

Bei zahlreichen Beratungsgesprächen und Seminaren wurde sie immer wieder zu den Aufgaben der Schutzengel und Engel sowie der geistigen Welt, zu Gott und zu anderen spirituellen Themen befragt. Nach einiger Zeit kristallisierte sich heraus, dass die Menschen, die sie beriet, immer dieselben Fragen stellten. Hierzu wurde ihr bereits durch ihren Schutzengel vor vielen Jahren mitgeteilt, dass sie einmal ihr Wissen und ihre Erlebnisse in Büchern niederschreiben würde, um damit viele Menschen zu erreichen.

Nachdem sie 2005 ihr Buch *„Ich spreche mit Toten"* veröffentlicht hatte, das inzwischen vergriffen ist, und sie ihr Schicksal zehn Jahre später mit einem Schreibmedium zusammenführte und Jan van Helsing mit sei-

nem Interesse an einer Veröffentlichung noch den letzten Stein ins Rollen brachte, entstand schließlich *„Schutzengel & Co."*, ein Buch zur Selbsthilfe und mit vielen Erklärungen zu den verschiedensten spirituellen Themen. Das Buch *„Unsichtbar"* entstand durch die unzähligen interessanten und spannenden Erlebnisse von Martina Heise mit der geistigen Welt.
Das vorliegende Buch *„Engelwesen und Geister"* ist ein Praxisbuch mit kompaktem Wissen für den Umgang mit lichten Geistwesen und verstorbenen Seelen sowie Hilfe zur Selbsthilfe – auch in geistig-energetischen Notsituationen.

Martina Heise
www.martinaheise.de
E-Mail-Adresse: info@martinaheise.de
Telefon 0151-52574642

Literatur- und Quellennachweis

(1) Quelle oder weiterführende Infos finden Sie hier:
www.harmony-power.de/ho-oponopono/
https://utopia.de/ratgeber/hooponopono-das-hawaiianische-vergebungsritual-fuer-deinen-alltag/
(2) „Lichtkörper“, Reindjen Anselmi, Koha-Verlag
(3) www.illwie.de
(4) „Chakra Praxisbuch“, Kalashatra Govinda, Irisiana-Verlag
www.chakren.net

Bildquellen

Buchumschlag: shutterstock_1352918024

Geldbaum S. 158: shutterstock_2253181839

Mondkalender S. 161: www.fengshui-center.com/der-chinesische-kalender

SCHUTZENGEL & CO.

Martina Heise

Wir werden von Engeln und anderen geistigen Wesen begleitet – jeden Tag. Doch nur wenige können diese bewusst wahrnehmen und mit ihnen kommunizieren. Martina Heise (ehem. Krämer) wurde mit dieser Gabe geboren und konnte von klein auf nicht nur ihren Schutzengel sehen, sondern auch die Seelen Verstorbener. Von ihrem Schutzengel wurde sie zum einen über den Sinn des Erdendaseins unterrichtet und zum anderen über die Mechanismen des Lebens, vor allem aber darüber, was im Jenseits auf uns wartet und wie wir uns das vorstellen können. In diesem Buch schildert Martina, wie sie lernte, mit den geistigen Wesen zu kommunizieren, welche Unterschiede es bei den feinstofflichen Wesen gibt, wie sie mit uns in Kontakt treten, uns Botschaften übermitteln und wie wir diese verstehen können. Sie erklärt auch die Gefahr, die von Besetzungen, Dämonen und anderen dunklen Wesen ausgeht, und wie man diese beseitigen und unsere Häuser von solchen dunklen Energien befreien kann. Außerdem stellt sie Übungen zur Verfügung, wie man sich vor Negativem schützen und die eigene Intuition stärken kann.

ISBN 978-3-938656-38-9 • 21,00 Euro

UNSICHTBAR

Martina Heise

Haben Sie nicht auch schon einmal Geschichten über eine verborgene Welt gehört – eine unsichtbare Welt, in der sich Verstorbene aufhalten, aber auch Geister und Dämonen? Oder haben Sie möglicherweise sogar selbst etwas sehr Außergewöhnliches erlebt, das sie nicht mit dem Verstand alleine erklären konnten?

Es gibt Menschen, die haben die Gabe – oft seit Geburt –, diese Welt wahrzunehmen und mit den dort lebenden Wesen und Verstorbenen zu kommunizieren. Martina Heise ist eine von ihnen. Nach dem Erfolg ihres Buches „Schutzengel & Co." lässt Martina uns teilhaben an zahlreichen Phänomenen, die sie mit Engeln, Verstorbenen und der geistigen Welt erlebt hat und greift dabei Phänomene auf, die viele von uns bereits erlebt haben, jedoch bislang nicht zuordnen konnten.

Spannend erzählt Martina nicht nur ihre Erlebnisse mit dem Übersinnlichen, sondern bietet gleichzeitig eine wunderbare Hilfe zur Lösung vieler Probleme an, unter anderem zum Thema Gesundheit, Partnerschaft, Indigokinder und unheimliche Phänomene in unserem Zuhause. Wie wichtig ist beispielsweise ein energetisch harmonisches Umfeld, speziell in Häusern und Wohnungen? Sieht unser Kind Geister oder Verstorbene oder hat es Visionen?

ISBN 978-3-938656-55-6 • 21,00 Euro

BEVOR DU DICH ERSCHIEẞT, LIES DIESES BUCH!

Jan van Helsing

Wie schaut's aus? Sind Sie gerade an einem Punkt angelangt, an dem Sie sich die Kugel geben wollen, weil Ihnen das Wasser bis zum Hals steht oder weil Sie keine Ahnung haben, wie Sie die aktuellen Rechnungen bezahlen sollen? Ist Ihre Ehe zerbrochen, Ihr Freund oder gar Ihr Kind gestorben, oder hat ein schwerer Unfall Ihr Leben derart verändert, dass Sie keinen Sinn mehr darin sehen? Doch halten Sie inne, Sie sind nicht allein! Viel mehr Menschen, als Sie sich vorstellen können, sind momentan in extreme innere Prozesse verwickelt. Und es werden mehr, immer mehr – weltweit! Und das hat einen besonderen Grund! Interessiert es Sie, warum gerade jetzt so viele Menschen durch persönliche Krisen gehen? Wieso gerade jetzt in allen Ländern der Welt die Menschen auf die Straße gehen, ihren Mund aufmachen und Revolutionen anzetteln – auch in Deutschland?

ISBN 978-3-938656-48-8 • 21,00 Euro

GIFTDEPONIE MENSCH

Katja Kutza

Der ungewöhnliche Heilungsweg einer Amalgamvergiftung, die Hintergründe moderner Volkskrankheiten und die wundervolle Hilfe aus der geistigen Welt!

„Sie sind austherapiert. Wir können keine körperlichen Erkrankungen bei Ihnen feststellen und vermuten eine psychische Störung." Das waren die Worte, mit denen Katja Kutza aus den meisten schulmedizinischen Praxen entlassen wurde. Am Ende eines langen Leidensweges stand die Autorin mit einem nicht mehr funktionieren wollenden Körper und allein gelassen von Ärzten vor den Trümmern ihres einst glücklichen Lebens. Völlig verzweifelt an diesem Punkt angekommen, bekam ihr Leben endlich eine glückliche Wende. Durch innige Gebete gab es für Katja Kutza plötzlich außergewöhnliche Fügungen des Schicksals – meist in Form von alternativen und spirituellen Heilmethoden. Nicht nur ihre Grunderkrankung – eine Amalgamvergiftung – wurde aufgedeckt, auch spirituelle, geistige und energetische Heilsysteme ebneten ihr den Heilungsweg.

ISBN 978-3-938656-47-1 • 21,00 Euro

MEGAWANDEL

Johannes Holey

Dieses Buch ist ein Seelenöffner für die Zeit des inneren und äußeren Wandels. Neues Wissen! Ermutigende Sichtweisen! Wegweisende Impulse! Spannende Erkenntnisse! Zunehmender Bewusstseinswandel! Wollen Sie wissen, warum es genügend Gründe gibt, voller Hoffnung zu sein? Wollen Sie sich eine neue Lebensqualität aufbauen? Wollen Sie geistig-seelische und spirituelle Hintergründe erkennen und dieses Wissen nutzen? Wollen Sie erfahren, warum Gefühle und nicht irgendwelche schlauen Überlegungen die Welt verändern werden? Wir alle leben in den mächtigen Einflüssen neuer kosmischer und *positiver* Energien und zugleich in den mächtigen Einflüssen zunehmender *schädlicher* Energien der dunklen Macht-Elite. Beides ist der Zeitgeist, doch wie kommen wir damit klar? Johannes Holey erklärt den *Megawandel*, der uns alle auf der Erde betrifft, und beschreibt, wie wir diesen als große Chance nutzen können.

ISBN 978-3-938656-92-1 • 23,30 Euro

MEIN SEELENKOMPASS

Angelika Moser

Als Heilpraktikerin für Psychotherapie und Psychologische Beraterin geht es der Autorin vor allem darum, die vielen kleinen Irrtümer aufzuzeigen, die unser Leben behindern. Eine Vielzahl körperlicher Leiden entsteht durch die Unwissenheit, dass der seelische Hintergrund und die oft unzähligen Blockaden dafür mitverantwortlich sind. Wenn wir aber unseren Fokus, unser Licht, dorthin ausrichten und uns darauf einlassen, dass unter der Oberfläche schwieriger Lebensumstände eine alles umfassende Liebe zu unserem höchsten Wohle arbeitet, kann uns das von krankmachenden Beeinträchtigungen befreien.

Die Autorin weist auf die verschiedenen Möglichkeiten und Kraftquellen hin, die uns den Weg aus unseren Behinderungen zeigen. Sie legt in ihre Zeilen mit ihrem Einfühlungsvermögen tiefe Weisheiten, die durch besinnliches Lesen wirken und verinnerlicht werden können. Damit das Licht, die Liebe und der Frieden am Übergang zum Goldenen Zeitalter wirklich die Oberhand gewinnen können, wird es unumgänglich sein, die eigenen Blockaden, Muster und Überzeugungen sowie die unliebsamen Machenschaften in vielen Lebensbereichen zu transformieren.

Das Buch eröffnet Chancen zu innerem Wachstum und zur Heilung von uns Menschen und dadurch von Mutter Erde.

ISBN 978-3-938656-91-4 • 14,80 Euro

DER GOLDENE BLICK

Sabine zur Nedden, Simone Alz

Wie Du Dein Leben noch nie betrachtet hast

Ohne zu ahnen, was ihn erwartet, besucht Herr Mensch die Praxis von Dr. Augenblick und wird in eine geheime Methode eingeweiht, die seinem Leben eine völlig neue Richtung gibt: DER GOLDENE BLICK.
Mit seiner ergreifenden Geschichte eröffnet uns Herr Mensch hier dieses Geheimnis und erzählt, wie er sich selbst, seinen Alltag und das Leben komplett neu zu betrachten lernt. Was mit der Suche nach Antworten begann, wird zur persönlichen Transformation. Wie Sie hautnah erleben können, wird man auf eine sonderbare Weise in diese ungewöhnlichen Dialoge tief und wirksam miteinbezogen. Und so geht all das, was Herr Mensch mit Hilfe seines Meisters erkennt und erfährt, unmittelbar auf den Leser selbst über.

ISBN 978-3-938656-93-8 • 21,00 Euro

DIE KINDER DES NEUEN JAHRTAUSENDS

Jan van Helsing

Der dreizehnjährige Lorenz sieht seinen verstorbenen Großvater, spricht mit ihm und gibt dessen Hinweise aus dem Jenseits an andere weiter. Kevin kommt ins Bett der Eltern gekrochen und erzählt, dass *„der große Engel wieder am Bett stand"*. Peter ist neun und kann nicht nur die Aura um Lebewesen sehen, sondern auch die Gedanken anderer Menschen lesen. Vladimir liest aus verschlossenen Büchern, und sein Bruder Sergej verbiegt Löffel durch Gedankenkraft.
Ausnahmen, meinen Sie, ein Kind unter tausend, das solche Begabungen hat? Nein, keinesfalls! Wie der Autor in diesem durch viele Fallbeispiele belebten Buch aufzeigt, schlummern in allen Kindern solche und viele andere Talente, die jedoch überwiegend durch falsche Religions- und Erziehungssysteme, aber auch durch Unachtsamkeit oder fehlende Kenntnis der Eltern übersehen oder gar verdrängt werden. Und das Spannendste an dieser Tatsache ist, dass nicht nur die Anzahl der medial geborenen Kinder enorm steigt, sondern sich auch ihre Fähigkeiten verstärken. Was hat es damit auf sich?
Lauschen wir den spannenden und faszinierenden Berichten über mediale Kinder aus aller Welt.

ISBN 978-3-9807106-4-0 • 23,30 Euro

WISSEN IST MACHT

Dr. Dinero Jan van Helsing

Wenn dir dein Leben nicht passt, dann glaub doch was anderes! *„Das würde ich ja gern, aber ich kann es einfach nicht."*, sagen viele. In diesem Buch erfahren Sie, wie Sie Ihren Glauben und Ihr Sein machtvoll verändern können. Zu wissen, wie man das macht, ist Macht. Das wissen auch die Mächtigen in Politik und Wirtschaft sowie in den Massenmedien, z.B. in Hollywood. Wer die Mechanismen kennt, kann sie anwenden – manipulativ oder befreiend. Man kann ganze Völker für einen Krieg begeistern, Menschen weltweit dazu bringen, sich „impfen" zu lassen oder auf Grundbedürfnisse des täglichen Lebens zu verzichten. Ja, man kann sogar einem Jungen einreden, dass er ein Mädchen ist ... Das ist wahre Macht! Dr. Dinero zeigt in diesem Buch, welches diese Mechanismen sind und erklärt, wie Sie selbst diese konstruktiv anwenden können – sei es in beruflichen Situationen, bei Partnerschaftsproblemen oder auch bei Geldangelegenheiten. Vor allem werden Sie verstehen, was zu tun ist, um frei zu sein, nicht mehr manipuliert zu werden und selbst bewusst zu entscheiden, wie Ihr Leben in Zukunft verlaufen soll.

ISBN 978-398562-888-9 • 25,00 Euro

WENN DAS DIE PATIENTEN WÜSSTEN

Jan van Helsing Vera Wagner

Geld oder Gesundheit? Mensch oder Fallpauschale? Worum geht es in unserem Gesundheits-System? Warum sterben immer noch unendlich viele Menschen elend an Krebs, der Krankheit, deren konventionelle Behandlung horrende Summen verschlingt? Weil die wahren Ursachen das medizinische Establishment nur selten interessieren. Weil es bei der konventionellen Krebstherapie nicht um Heilung, sondern ums Geld geht, das ist die perfide Regel, nach der dieses System funktioniert. Bestimmte Dinge laufen nach dem immer gleichen Prinzip ab: Jemand entdeckt eine Krankheitsursache oder entwickelt eine vielversprechende Heilmethode, das Wissenschafts-Establishment will nichts davon wissen. Den Patienten bleibt nichts anderes übrig, als sich selbst auf die Suche zu machen nach wahren Ursachen und wahren Heilern. Sie finden sie oft in einer Welt jenseits des medizinischen Mainstreams, einer Welt, in der von Schulmedizinern aufgegebene Patienten die Chance auf ein zweites Leben bekommen.

Jan van Helsing: *„Es ist an der Zeit, dass wir die Macht über unseren Körper zurückerobern. Ich bin alt genug, selbst zu entscheiden, was in meinen Körper reinkommt und was nicht. Und die Anordnungen der Regierung interessieren mich nicht, denn ich habe sie nicht gewählt."*

ISBN 978-3-938656-75-4 • 25,00 Euro